Das Leben, mein Meister

DORIS IDING

Das Leben, mein Meister

Weisheitsgeschichten und
Achtsamkeitsübungen für innere Freiheit,
Gelassenheit und Lebensfreude

Lotos

FSC
www.fsc.org
MIX
Papier aus verantwortungsvollen Quellen
FSC® C014889

Verlagsgruppe Random House FSC® N001967

Erste Auflage 2021

Redaktion: Dr. Diane Zilliges
Umschlaggestaltung: Guter Punkt, München,
unter Verwendung eines Motivs von © Adobestock
Satz: Guter Punkt, München
Fotos: iStock.com – ArtSklad (2), Helen Field, shino-b, Elen11
iStock, Getty Images Plus – Ola Tarakanova (4), Elinalee (12),
Dinkoobraz (2), shilh (11), barkarola, Helen Field, Olha Saiuk,
Utro na more, Nosyrevy, Umi ko (12), yangzai (2), Tanya
Syrytsyna, MichikoDesign, Maryna R, artishokcs, yl413100419,
linaflerova, Natalia Kronova, mikemcd
Druck und Bindung: Pustet, Regensburg
ISBN 978-3-7787-8299-6

www.Integral-Lotos-Ansata.de
www.facebook.com/Integral.Lotos.Ansata

Inhalt

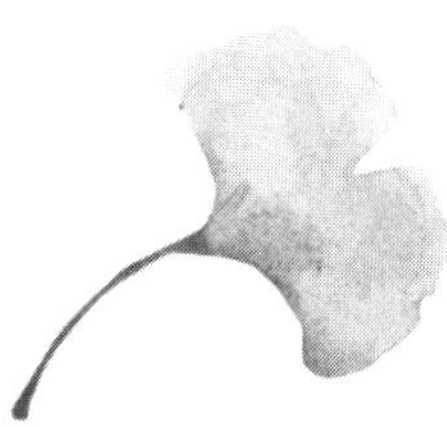

Für Becci.

Vorwort

»Die Welt um mich herum tanzte, tanzte, tanzte,
nur ich kümmerte mich einsam-verdrossen
um die letzten Fragen der Menschheit.
Erst als ich sie alle, alle gelöst hatte,
ging auch für mich das Feiern los.«

HELGE TIMMERBERG

Das Leben hält viel für uns bereit: Einsamkeit. Glück. Abgründe. Magie. Eintönigkeit. Freude. Bestimmung. Liebe. Abwechselung. Sehnsüchte. Schmerz. Veränderung. Verbundenheit. Orientierungslosigkeit. Zufriedenheit. Langeweile. Zuversicht. Große Fragen. Frieden. Unlösbare Paradoxe. Veränderung. Ein Lächeln.

Wie facettenreich wir unser eigenes Leben erfahren, hängt ganz davon ab, wie sehr wir in es eintauchen. Gehören Sie zu den Tieftauchern oder schnorcheln Sie lieber ein bisschen an der Oberfläche? Sind Sie ein Zaungast oder zählen Sie zu denjenigen, die sich trauen, selbst zu erkunden, was sich hinter dem Wort »Leben« verbirgt? Da Sie mein Buch in der Hand halten, gehe ich davon aus, dass Sie Ihr Leben in vollen Zügen genießen möchten. Somit darf ich Sie herzlich willkommen heißen im Club der Neugierigen, Achtsamen, Sinnsuchenden, Um-die-Ecke-Schauenden, Mutigen, Lebenslustigen und Tiefgründigen.

Möglicherweise wurden Sie – so wie ich – irgendwann von der Magie des Lebens geküsst und fragen sich seitdem vermehrt: »Welchen Sinn hat das, was mir gerade passiert?« Vielleicht gehören Sie seit einem solchen Moment zu denjenigen, die es wagen, eigenständig zu denken und sich nicht mit dem unermüdlichen Konsum von Fernsehserien zufriedengeben. Zu denjenigen, die von einem erfüllten Leben zu träumen wagen.

Wer auch immer riskiert, sich auf das Abenteuer Leben einzulassen, wird alsbald realisieren, dass »leben« ein Tu-Wort ist. Er wird erfahren, was es heißt zu leben, anstatt gelebt zu werden. Solche Menschen genießen die Lücken in ihrem Lebenslauf. Sie genießen das Nichtstun und das Sosein.

Wer auch immer wissen möchte, warum das Leben uns in manchen Situationen scheinbar mit Füßen tritt und unsere Widersacher auf Händen trägt, ist bereit, nachzudenken über ein Wieso und Warum. Und er ist auch bereit, alles zu tun, um sich selbst mehr Halt zu geben und das Leben als ein Geschenk zu betrachten. Auch dann, wenn die äußeren Umstände nicht vollkommen scheinen.

Vielleicht gehören Sie auch zu den Menschen, die nach intelligenten Lösungen suchen, um am Leben nicht zu zerbrechen, sondern daran zu wachsen. Oder aber Sie möchten am Ende Ihres Lebens nicht von Gefühlen der Schuld oder Scham gebeutelt werden, weil Sie zu viel kostbare Zeit vor dem Fernseher verschlafen haben. Was auch immer Sie dazu bewegt hat, mir bis zu diesem Satz zu folgen, und wo auch immer Sie jetzt sind, halten Sie doch bitte jetzt, ja, genau jetzt ein paar Augenblicke inne und fragen Sie sich:

Was erwarte ich noch von meinem eigenen Leben, das irgendwann ganz definitiv enden wird?

Bin ich bereit, mein Leben auszukosten? Es zu genießen? Es mit jeder Faser meines Körpers zu leben? Es aus ganzem Herzen zu lieben? Es umfassend zu verstehen?

Sollten Sie die letzten Fragen mit einem Ja beantwortet haben, freue ich mich sehr darauf, Sie mit diesem Buch eine Zeit lang begleiten zu dürfen. Ich nehme Sie mit auf innere und äußere Reisen, auf denen mir mein Leben als Meister gedient hat und es immer noch tut. Reisen, die mal lustig und mal traurig waren. Reisen, die mal zum Reflektieren einladen, mal zum Schmunzeln. Reisen, die Ihnen möglicherweise eine Träne, ein Kopfschütteln oder ein »Aha!« entlocken.

Diese Schule ist für alle da

»Das Leben ist einfach nur das Leben.«

REBECCA DOLL

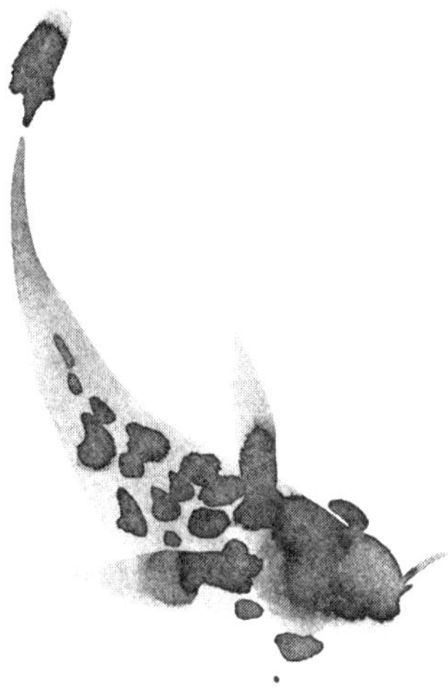

Das Leben verschont keinen von uns mit tiefen und transformierenden Lektionen. Jeder muss seine »spirituellen« Hausaufgaben machen, um sich weiterzuentwickeln, um bewusster zu werden und um den tieferen Sinn seines eigenen Daseins zu erkennen. Wir alle. Sie und ich. Geizig ist das Leben hinsichtlich dieser Lektionen leider nicht. Ganz im Gegenteil: Ungefragt und ohne Scham und Scheu nimmt es uns oft das, was uns lieb ist, und wirft uns das vor die Füße, was wir nicht mögen. Manchmal haben wir das Gefühl, dass wir ganz persönlich es sind, die die größten, schwierigsten und gemeinsten Aufgaben erhalten. Aber mal ehrlich: Wenn Sie sich das Leben anderer Menschen einmal genauer betrachten, möchten Sie wirklich mit irgendjemanden tauschen? Ich nicht.

Innere, eigene Weisheit erlangen wir primär durch Verluste, Krankheiten und Kummer. Zu Meistern werden wir, wenn wir dann Nein sagen, wenn wir Nein meinen, und einen Weg beschreiten, den vor uns noch niemand gegangen ist. Und sei es nur in Gedanken. Wenn wir es ganz zu uns nehmen, unser einziges kostbares Leben, werden wir es als unsere Schule begreifen. Dann werden wir uns vor ihm als unserem Lehrmeister verneigen.

Da Sie mein Buch immer noch in der Hand halten, scheinen Sie gern genauer hinzuschauen, was es mit dem Leben so auf sich hat. Wie schön!

In diesem Buch möchte ich einige Begegnungen aus meinem eigenen Leben und dem Leben anderer mit Ihnen teilen. Es sind Begegnungen, die mir persönlich immer wieder die Augen dafür geöffnet haben, dass ich jeden Tag etwas über mich selbst, meine Denkstrukturen und Verhaltensmuster lernen darf. Häufig enthalten sie kleine Augenblicke, Bruchteile von Sekunden, in denen ich – wenn ich achtsam war – etwas Grundlegendes über Liebe, innere Freiheit, Entspannung, Urvertrauen, Zuversicht, Schönheit und das, wie Herbert Grönemeyer es nennt, »Sekundenglück« lernen durfte. Es sind aber auch Erfahrungen, die mich mit Hass, Neid, Eifersucht, Habgier und Missgunst konfrontierten und mir zeigten, wie verschlossen mein eigenes Herz zuweilen ist. Wie ernüchternd, wie offenbarend sind solche Erfahrungen.

Bei all den Lektionen, in die das Leben mich verwickelte und weiter verwickelt, zeigt es mir, dass meine Sicht auf das, was mir da passiert, immer nur eine zutiefst subjektive Perspektive ist. Bin ich in solchen Momenten achtsam und offen, lerne ich schnell, was mir das Leben zeigen möchte. Will ich hingegen nicht hinschauen und reagiere ich mit überzogener Wut, Angst, Eifersucht, Neid, Frustration, Abwehr, Kälte oder Vorwürfen, kann es sein, dass ich die gleiche Lektion noch viele Male vorgesetzt bekomme. So lange, bis ich verstanden habe, um was es geht.

Für dieses Buch habe ich die Prüfungen als Geschichten aufbereitet. Sie sollen veranschaulichen, wie schnell ich mich immer wieder in vermeintliche Wahrheiten meines kleinen Ichs gerettet und dabei das große Ganze vollkommen aus dem Blick verloren habe. Ich beschreibe Erfahrungen, die mich aufgefordert haben, mich nicht mit einer anerzogenen Meinung oder einer von der Allgemeinheit geglaubten Sicht auf das Leben zufriedenzugeben. Aus diesen Lektionen resultierten Erkenntnisse, die dafür gesorgt haben, dass ich lieber tausendmal wieder aufstehe, anstatt liegen zu bleiben. Ich gebe Begegnungen wieder, die mich dazu inspiriert haben, mich selbst immer wieder zu hinterfragen. Augenblicke, die mich aufgeweckt haben, damit ich in dem Moment, in dem ich dem Tod in die Arme fallen werde, mit Gewissheit sagen kann: Ich habe mich nicht zufriedengegeben mit einem seichten Leben, sondern habe mein einzigartiges Leben gelebt.

Manche Geschichten sind mit kleinen Achtsamkeitsübungen versehen, die mir persönlich geholfen haben, Einsichten auch umzusetzen. Es sind Übungen, die mein großes Verlangen gestillt haben, nicht fremdgedacht und ferngesteuert zu sein. Es sind Reflexionen, die meinem großen Wunsch geschuldet sind, nicht zu verblöden. Es sind Anleitungen, die der Forderung meines inneren Kritikers – jener Stimme in meinem Kopf, die Zweifel aufkommen lässt, meine Fähigkeiten und die der anderen unentwegt infrage stellt und häufig sehr negativ ist – nachkommen, mich immer wieder hinzusetzen, um mich zu fragen: Wer bin ICH¿! Wenn ich diese Stimme zu ernst nehme, ist sie Gift für mein Selbstwertgefühl. Wohl dosiert treibt sie mich an.

Vielleicht erkennen Sie sich in der einen oder anderen Geschichte wieder und können dann mit etwas Abstand sogar darüber schmunzeln. Möglicherweise kann die eine oder andere Übung Sie darin unterstützen, derzeitigen oder zukünftigen eigenen Lektionen gelassener, entspannter und achtsamer zu begegnen. Oder aber sie helfen Ihnen, vergangene Erfahrungen noch einmal neu zu betrachten und die Lektion, die Sie dadurch lernen sollten, wertzuschätzen. Dann können Sie mögliche Verletzungen oder Enttäuschungen, die Sie seitdem mit sich herumtragen, endlich loslassen. Vielleicht sind es aber auch die Zitate, die ich eingeflochten habe, die Sie ermutigen, mehr eigenes Leben zu wagen und weniger vorgegebene Biografien zu konsumieren.

Mir persönlich hat es sehr geholfen, mich selbst immer wieder mit ein bisschen Abstand in diesem Lehrstück namens »Leben« zu betrachten. Das macht es leichter, die eine oder andere Aufgabe besser zu verstehen und zu verdauen. Es wird einfacher, mögliche Konsequenzen daraus zu ziehen und mehr Achtsamkeit, Demut, Dankbarkeit, Mitgefühl, Mitfreude und Wertschätzung für mich selbst und andere zu entwickeln, anstatt alles vorschnell negativ zu bewerten. Durch diesen Perspektivenwechsel empfinde ich das Leben nicht mehr als Drama, sondern ab und zu als eine Komödie, als ein Lustspiel, einen Schwank und manchmal sogar als eine wunderschöne Romanze. Als meine Romanze mit dem Leben.

Wenn wir achtsamer werden, können wir erkennen, dass sich gewisse Themen wie ein roter Faden durch unser Leben ziehen. Erkennen wir, warum uns immer wieder das Gleiche passiert, ändert das Leben die Prüfungsfrage. Aufhören wird die Schule des Lebens aber erst mit unserem letzten Atemzug.

Eines sollten wir bei alldem nicht vergessen: Wir sind die Schöpfer unseres eigenen Lebens. Welches Drehbuch für Ihre Zukunft Sie wählen, können Sie frei entscheiden. Ich persönlich nehme ein solches, bei dem viel gelacht und getanzt wird.

Ihre
Doris Iding

Kleine und große Lehrmeister

*»Jeder Mensch und jedes Ding
in deiner unmittelbaren Umgebung
ist dein Lehrer.«*

KEN KEYES JR.

Reg dich nicht über andere Menschen auf, sondern überleg dir lieber, warum sie dir das Leben vor die Nase gesetzt hat!« So lautete der Lieblingssatz meiner spirituellen Lehrerin. »Und da du eine Vorliebe für Buddhismus hast«, fuhr sie fort, »kannst du diese Übung noch ein bisschen vertiefen und dir vorstellen, dass jeder Mensch ein Buddha ist – außer dir!« Mit diesen Aussagen wollte sie mich auf ihre so besondere, charmante Weise auffordern, mir zu überlegen, was ich von anderen Menschen lernen kann, anstatt mich für weiter, bewusster oder spiritueller zu halten als sie.

Ihr Vorschlag missfiel einem Teil in mir deutlich. Etwas in mir fand es schrecklich, mir auszumalen, dass mich die – in meinen Augen – frustrierte und machthungrige Politesse, die mir gerade ein saftiges Protokoll verpasst hatte, weil ich nur mal kurz im Halteverbot geparkt hatte, an Weisheit und Mitgefühl überbieten sollte! Unmöglich! Und noch schlimmer fand etwas in mir die Herausforderung, dass ich ihr – im Sinne der Achtsamkeit – wertfrei und offen begegnen sollte. So eine Frau sollte ein Buddha und somit meine spirituelle Lehrmeisterin sein?! Niemals!!! Bei dieser Vorstellung bäumte sich etwas in mir auf.

Genauso missfiel mir die Vorstellung, dass der Mann, von dem ich mich getrennt hatte, weil ich ihn naiv und egoistisch fand, ein Buddha sein und mir als Lehrmeister dienen sollte! Auch hier ging ein Teil in mir innerlich gehörig auf die Barrikaden. Auch ein Sitznachbar im Flugzeug auf dem Langstreckenflug nach Indien passte nicht in mein Bild eines spirituellen Lehrers: Er schlief mit offenem Mund, hatte Schweißfüße und machte sich so breit neben mir, dass ich mich von ihm bedrängt fühlte. Was sollte er mich schon lehren?! Höchstens, dass man mit gewaschenen Füßen ins Flugzeug steigt. Solche Begegnungen lösten eher Gefühle wie Wut, Ärger oder Überheblichkeit in mir aus. Gab es da noch tiefere Lektionen für mich, die ich nicht erkennen wollte, solange ich nur auf das schaute, was mich an diesen Menschen störte?

Viele persönliche Erfahrungen der letzten Jahre zwangen mich dazu, dass ich den tieferen Sinn der Aussage verstand, dass *alle* Menschen mir etwas verdeutlichen wollen oder mir eine Lektion erteilen können – vorausgesetzt, ich steige von meinem spirituellen Ross herunter und betrachte *sie* als meine Lehrmeister. Aber nicht nur das: Das Leben zeigte mir, einerseits auf unbarmherzige Weise und andererseits auf spielerische Art, dass mir *alle* Begegnungen mit den unterschiedlichsten Menschen ein unendlich großes und zutiefst spirituelles Lernfeld offerieren, weil Menschen immer auch einen bestimmten Aspekt in mir positiv berühren oder negativ triggern können. Die Menschen selbst haben gar nichts damit zu tun, was da in mir ausgelöst wird, sondern es ist ganz allein *mein* subjektiver Blick auf sie und auf die Welt, der mich eng oder weit werden lässt in Herz und Geist.

Anders ausgedrückt: Je nachdem ob ich die Welt mit den Augen meines inneren Kritikers oder der inneren Erwachten betrachte, verändert sich mein Blick auf mein Leben. Den inneren Kritiker erkenne ich an Gefühlen des Neids, der Einsamkeit, der Eifersucht, des Mangels, des Zweifels, des Misstrauens, der Angst. Und dementsprechend düster und traurig ist das, was ich sehe. Habe ich hingegen ein offenes Herz, entsteht in mir Mitgefühl, Verbundenheit, Liebe, Freude, Respekt oder Wertschätzung, und das Leben erscheint mir plötzlich bunt und spannend. Es liegt immer wieder an mir zu erkennen, welche Sicht ich gerade einnehme und ob ich bereit bin, einen Perspektivenwechsel vorzunehmen.

Mein eigener Kritiker weicht ungern von meiner Seite und verweigert mir gern einen entspannten Blick auf all die magischen Momente, die mir das Leben schenkt. Egal, wo ich gerade bin. Durch seine Brille kann er auf meine »Buddhas« im Außen so abwertend, überheblich und arrogant reagieren, dass ich mich manchmal innerlich für ihn schäme. Diese beiden Kontrahenten – der innere Kritiker und das offene Herz –

sorgen dafür, dass mein Leben mitunter sehr anstrengend sein kann und dann aber auch wieder sehr herzöffnend und voller magischer Momente ist.

Übrigens habe nicht nur ich diese beiden inneren Stimmen in mir. Bereits Goethes Faust kämpfte damit: »Zwei Seelen wohnen, ach! in meiner Brust, die eine will sich von der andern trennen; die eine hält, in derber Liebeslust, sich an die Welt mit klammernden Organen; die andre hebt gewaltsam sich vom Dust zu den Gefilden hoher Ahnen.« Und auch der Stamm der Cherokee weiß von diesen beiden Widersachern. Sie benennen diese Stimmen nicht als inneren Kritiker und das eigene Herz, sondern als den weißen und den schwarzen Wolf. Sie empfehlen ihren Kindern, sich dem weißen, wohlwollenden, mitfühlenden Wolf zuzuwenden und ihm die Aufmerksamkeit zu schenken.

Wir tun gut daran, um diese verschiedenen Stimmen zu wissen, uns mit ihnen zu beschäftigen und sie entweder in ihre Schranken zu weisen oder auf ihren Rat zu hören. Der innere Kritiker ist der Teil in uns, der enorm ehrgeizig, leistungsorientiert, destruktiv, aggressiv, wütend und selbstzerstörerisch sein kann. Er legt uns mit Vorliebe Steine in den Weg, macht uns schamlos schlecht, traut uns nichts zu, hat keinen Stolz, wenn es darum geht, uns vor uns selbst in die Pfanne zu hauen, und ist aber auch anderen gegenüber sehr misstrauisch und nachtragend. Das Herz hingegen ist liebevoll, mitfühlend, weise, bedacht, gelassen, heiter und voller Lebensfreude. Es will nur das Beste für uns und auch für andere Menschen. Es wünscht sich, dass wir die Zeit hier auf Erden als ein großes Geschenk des Lebens an uns betrachten.

Vielleicht erkennen Sie Ihren eigenen inneren Kritiker oder die Stimme des Herzens in der einen oder anderen Geschichte dieses Buches wieder. Deutlich wird dabei, wie anstrengend das Leben sein kann, wenn wir unserem inneren Kritiker das Ruder überlassen, und wie schön und leicht und entspannt es wird, wenn wir uns von der Stimme des Herzens begleiten lassen und die Welt mit einem offenen Herzen erleben.

Wem wir Gewicht schenken, ist eine Frage der Entscheidung. Wenn Sie es leid sind, dass Ihr innerer Kritiker Ihnen Ihre kostbare Zeit mit ständigen Anklagen stiehlt, brauchen Sie ihm nicht mehr länger zuzuhören. Doch vielleicht glauben Sie ihm bis heute mehr als allem anderen auf der Welt. Möglicherweise halten Sie die Meinung Ihres inneren Kritikers sogar für die Wahrheit selbst, anstatt zu erkennen, dass es sich hierbei lediglich um Gedanken handelt. Vielleicht leiden Sie aber auch unter ihm und können sich nicht vorstellen, dass es »nur« eine Stimme in Ihrem Kopf ist. Aber – und hier kommt die gute Botschaft: Weder Sie noch ich noch irgendein Mensch auf dieser Welt müssen ihm permanent Gehör schenken. Wir haben die Wahl! Wir können uns jeden Moment neu entscheiden. Wenn wir dies erkennen und uns selbst und den Situationen, die uns geschehen, mit mehr Abstand begegnen, werden wir innerlich und äußerlich freier. Diese Freiheit hat bei mir persönlich zum Beispiel dazu geführt, dass ich viele Erfahrungen mittlerweile mit einem Augenzwinkern betrachten kann, weil ich mir durch eine gewisse innere Distanz bewusst geworden bin, wie engstirnig, perfektionistisch oder leistungsorientiert ich sein kann.

Persönliche Lehrmeister

Es sind nicht nur Menschen, die mir als Lehrer dienen. Ein Vogel in der Morgenstunde, der mich tief berührt; ein Stau auf dem Weg zur Arbeit, der mich stresst; Hundescheiße, die an meinem Schuh klebt und mich wütend macht; Müll, der mir auf einem Spaziergang am Strand vor die Füße geworfen wird; aber auch ein übervoller Kühlschrank können mir Antworten auf große und kleine Fragen geben.

Ist das nicht wunderschön? Ist das nicht zutiefst bereichernd? Ist das nicht ein großes Geschenk?

Die eine oder andere Geschichte in diesem Buch macht deutlich, wie mein Weltbild von einem Moment auf den anderen auf den Kopf gestellt wurde und Konzepte über mich und meinen Blick auf das Leben ins Wanken kamen. In solchen Momenten erreichte mich eine tiefe Botschaft, und ich konnte mich von alten Vorstellungen, Konzepten und einer bestimmten Idee lösen, wie das Leben zu sein hat. Solche Momente brachten mich dann an Orte, an denen es still war, an denen ein tiefer innerer Frieden herrschte und sich mir offenbarte, dass ich vollkommen bin. Dass ich frei bin. Solche Augenblicke sind Momente der Gnade.

Manchmal war mein Meditationskissen mein größter Lehrer, und ich erlebte während der Praxis wilde Abenteuer in meinem Geist. Manchmal war mein Hund mein Lehrer, ein Politiker, ein Kunde, eine Freundin oder meine Familie. Einige Erfahrungen machte ich als Jugendliche im Internat, andere im Kloster in Japan, wo ich eine Zeit lang studierte. Wieder andere Lektionen erfuhr ich auf Reisen auf den verschiedenen Kontinenten. Meine Lebensgefährten waren ebenfalls große Lehrmeister. Andere wichtige Einsichten hatte ich allein in den eigenen vier Wänden oder im Supermarkt um die Ecke. Hatte ich einen offenen Geist, so waren alle Lektionen gleich lehrreich.

Auch Übungen habe ich in dieses Buch eingestreut und möglicherweise fühlen Sie sich davon inspiriert. Wenn das der Fall ist, dann praktizieren Sie diese Übungen am besten über einen längeren Zeitraum wie zum Beispiel sieben, vierzehn oder dreißig Tage. Dadurch wird sich die Wirkung vertiefen, und Sie werden im Alltag immer schneller erkennen, wer oder was Ihnen gerade als Meister dienen möchte.

Meine größten Lehrer

»Sei bereit, jeden Morgen ein Anfänger zu sein.«

MEISTER ECKHART

Die Achtsamkeit ist das Werkzeug, das mir das Leben irgendwann in die Hand spielte, damit ich meine Lektionen besser bewältige. Durch sie gelang es mir, das Leben selbst als meinen Meister anzuerkennen. Sie half mir, die »Lehrer«, die es mir immer wieder schickte, eher als Freunde denn als Feinde zu begreifen. Die Achtsamkeit selbst wurde mein größter Lehrer.

Was aber ist Achtsamkeit, die ja mittlerweile in aller Munde ist? Achtsamkeit wird gern als eine wertfreie Haltung beschrieben, die es uns ermöglicht, dem Leben offener zu begegnen. Eine Definition stammt von dem Amerikaner Jon Kabat-Zinn, dem Begründer des MBSR (Mindfulness-Based Stress Reduction). Ihm zufolge ist Achtsamkeit eine gesteigerte Form der Aufmerksamkeit, die nicht wertend ist und sich, statt auf Vergangenheit oder Zukunft, auf den gegenwärtigen Augenblick bezieht. Er bezeichnet Achtsamkeit gern auch als ein Lebensprinzip, einen praktischen Wegweiser, eine besondere Kraft. Sind wir nämlich achtsam, sind wir ganz präsent bei dem, was wir gerade tun. Dies ist ein vollkommen anderer Ansatz als normalerweise, denn die meisten Menschen leben so, als hätten sie ihren Autopiloten eingeschaltet.

Ein weiterer wegweisender Achtsamkeitslehrer ist der Buddha. Er sagt: »Wenn wir Achtsamkeit praktizieren, beruhigt sich der Geist.« Thich Nhat Hanh, buddhistischer Mönch, politischer Aktivist und ebenfalls ein wichtiger Achtsamkeitslehrer, hat folgenden Satz geprägt: »Wenn ich gehe, dann gehe ich. Wenn ich Tee trinke, trinke ich Tee.« Und der bereits zitierte Jon Kabat-Zinn, ursprünglich übrigens Molekularbiologe, postuliert, dass achtsam zu sein bedeutet, wach zu sein. Es bedeutet, dass wir wissen, was wir tun, dass wir uns unserer selbst bewusst sind. Das gemeinsame Fazit wohl aller großen Achtsamkeitslehrer lautet:

ACHTSAM ZU SEIN BEDEUTET anzunehmen, was ist.
Warum?

Wir wollen Dinge, Menschen und Situationen häufig anders haben, als das Leben sie uns gibt. Indem wir jedoch alles sein lassen, wie es ist, wird Wandel möglich.

ACHTSAM ZU SEIN BEDEUTET, nicht ständig alles zu bewerten. Warum?
Den Großteil unseres Lebens sind wir damit beschäftigt, zu checken, verändern zu wollen, zu kritisieren, das Leben kontrollieren zu wollen. Selten gehen wir mit seinem Fluss. Wenn wir zurücktreten und durchatmen, kann ein offener Raum entstehen, und das Leben kann sich als das präsentieren, was es ist: ein Wunder. Magie. Ein Paradox.

ACHTSAM ZU SEIN BEDEUTET, die Absicht loszulassen, etwas Bestimmtes zu erreichen. Warum?
Häufig ist das, was wir tun, zweckgebunden. Tun wir die Dinge hingegen ihrer selbst wegen, erfahren wir sie in der Tiefe und das Leben in seiner Reinheit.

ACHTSAMKEIT FORDERT UNS AUF zu üben, zu üben, zu üben … Warum?
Häufig sind wir ungeduldig und wollen sofort Ergebnisse und Erfolge. Dabei vergessen wir, dass nachhaltige Veränderung Zeit braucht. Wenn wir dranbleiben, erfahren wir früher oder später, dass unser Leben intensiver, schöner, abwechslungsreicher und magischer wird.

ACHTSAM ZU SEIN BEDEUTET, dass wir eine Lücke zwischen Reiz und Reaktion erkennen. Warum?
Anstatt immer blind zu reagieren, lernen wir, auch mal innezuhalten, damit sich das Leben seiner selbst wegen entfalten kann und ein Raum entsteht, in dem sich unserem Herzen Lösungen und Möglichkeiten zeigen, auf die unser Verstand niemals käme.

Formell und informell

In einigen spirituellen Traditionen wird gern zwischen der formellen und der informellen Praxis der Achtsamkeit unterschieden. Man spricht hier auch von den zwei Flügeln eines Vogels. Der Vogel braucht beide Flügel. Mit der formellen Praxis ist die Meditation auf dem Kissen, auf dem Stuhl oder die Gehmeditation gemeint. Idealerweise sollte diese Praxis täglich erfolgen. Dies ist deshalb sinnvoll, weil sie eine enorm beruhigende Wirkung auf unseren Geist hat und unser Gehirn positiv verändert. Selbst wenn es nur fünfzehn bis dreißig Minuten sind, die wir täglich in Stille sitzen, können wir dadurch die Funktionsweise unseres Geistes besser kennenlernen. Wir können lernen, unsere Gedanken, Gefühle und Körperempfindungen mit etwas mehr Distanz wahrzunehmen und uns nicht mehr permanent mit ihnen zu identifizieren. Eine solche innere Distanz schafft eine große innere Freiheit, die auch eine äußere Freiheit nach sich zieht. Es heißt, dass man diese Meditationspraxis am besten jeden Tag zur selben Zeit durchführen soll. Dadurch fällt es uns leichter, sie in den Alltag zu integrieren.

Die zweite Form der spirituellen Praxis besteht darin, ein gewisses Maß an Achtsamkeit mitten im Alltag zu entwickeln. Man spricht hierbei von der informellen Achtsamkeitspraxis. Damit gemeint ist, dass wir versuchen, jeden Augenblick, von Moment zu Moment, sowohl beim Sex als auch beim Kochen, beim Einkaufen, Tanken und Putzen, bei der Erledigung der Steuer, beim Joggen und auf der Toilette, so achtsam wie möglich zu sein. Durch eine bewusste Wahrnehmung des gegenwärtigen Moments kann alles zum Lehrer werden: die Signale des Körpers, jedes Gefühl, unsere Erfolge und unsere Fehlschläge, unsere Feinde und unsere Freunde oder die Pflanzen, die in unserer unmittelbaren Umgebung wachsen. Wenn wir achtsam sind, kann uns alles etwas Wesentliches über uns selbst offenbaren, allein dadurch, dass es uns als Spiegel unseres Geistes und unseres Körpers dient.

Ich kenne viele Menschen, die sagen, dass ihnen die informelle Achtsamkeitspraxis im Alltag reicht. Mir persönlich ist dieser Ansatz zu halbherzig. Viel zu schnell lasse ich mich von äußeren Reizen ablenken. Erst durch die Integration einer regelmäßigen Meditationspraxis ist es mir möglich geworden, mehr Momente im Leben wach zu sein. Sie unterstützt mich darin, mir die Lektionen, die mir das Leben als mein Meister in Beziehungen, im Supermarkt, beim Tanken oder auf einer Party bietet, zu erkennen, um mir zu zeigen, mit welchem Teil in mir ich gerade identifiziert bin. »Wach« zu sein gelingt mir mal besser und mal schlechter und in manchen Zeiten überhaupt nicht.

Die Aufteilung »formell und informell« kann man auch den Geschichten in diesem Buch zuschreiben. Das eine sind Erfahrungen, die mir während eines Retreats oder während der Meditationspraxis passiert sind. Die anderen Geschichten handeln von der informellen Praxis, Achtsamkeit im Alltag anzuwenden, beziehungsweise zeigen sie, was passiert, wenn wir unachtsam sind und unseren Gedanken glauben. Vielleicht gefallen Ihnen manche Geschichten so gut, dass Sie sie öfters lesen. Oder Sie lesen Ihren Yoga- oder Achtsamkeitsschülern aus diesem Buch vor. Vielleicht werden Sie nach einer Zeit, in der Sie häufiger in diesem Buch lesen, erfahren, dass sich Ihre Sicht auf einzelne Geschichten geändert hat oder eine Geschichte, die Sie beim ersten Lesen nicht wirklich verstanden haben oder nicht mochten, plötzlich zu Ihrer Lieblingsgeschichte wird. Möglicherweise wird eine der Geschichten sogar zu Ihrer Lehrerin.

Eine Geschichte, viele Perspektiven

»Der Geist ist alles. Was du denkst, das wirst du.«

BUDDHA

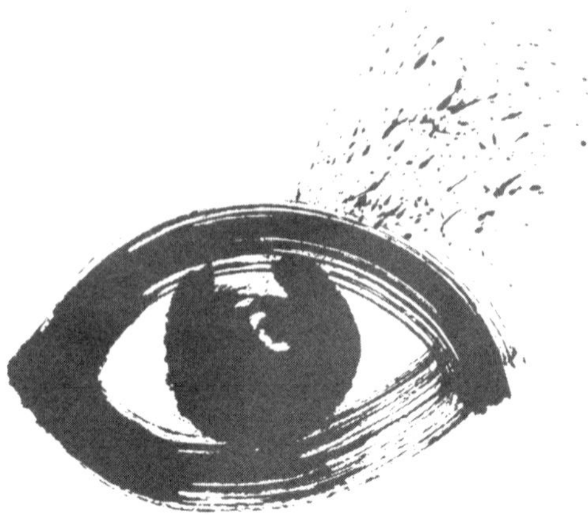

Während ich an diesem Buch schrieb, schickte mir eine Freundin eine Geschichte. Leider konnte ich nicht sehen, von wem sie stammt, doch sie hat mich tief im Herzen berührt. Es ist eine von unendlich vielen Geschichten. Aber die Lösung, die sie aufzeigt, ist eine ganz besondere. Und sie macht deutlich, dass es unendlich viele Möglichkeiten gibt, Situationen zu betrachten, weiterzudenken und zum Ende zu bringen.

Also, Bewerbern wurde bei einem Vorstellungsgespräch folgende Frage gestellt: »Sie fahren in einer stürmischen Nacht mit Ihrem Auto und kommen an einer abgelegenen Bushaltestelle vorbei. Dort warten drei Personen. Erstens die Frau Ihrer Träume, mit der Sie ein glückliches Leben führen würden. Zweitens eine alte Frau, die dringend ins Krankenhaus muss. Drittens ein alter Freund, der einst Ihr Leben gerettet hat. Wem würden Sie eine Mitfahrgelegenheit anbieten, wenn Sie bedenken, dass Sie nur einen zusätzlichen Platz haben?«

Überlegen Sie gut, wen Sie wählen würden. Es ist ein moralisches und ethisches Dilemma. Nehmen Sie die alte Frau mit, weil sie Ihre Hilfe am dringendsten braucht und sonst vielleicht sogar stirbt? Oder bieten Sie den Platz Ihrem alten Freund an, der einst Ihr Leben gerettet hat, da es jetzt die perfekte Gelegenheit wäre, sich zu revanchieren? Beide Möglichkeiten bedeuten jedoch, dass Sie Ihre perfekte Traumpartnerin (oder eben Ihren perfekten Traumpartner) nie wiedersehen würden.

Der Bewerber, der die Stelle bekam, hatte keine Probleme, eine Antwort zu finden. Er sagte: »Ich würde meinem alten Freund den Autoschlüssel geben und ihn bitten, die alte Dame ins Krankenhaus zu fahren. Ich würde zurückbleiben und mit der Frau meiner Träume auf den Bus warten.«

Eine Geschichte kann verschiedene Lösungsansätze enthalten. Das entdecken Sie möglicherweise auch, wenn Sie meine Geschichten lesen. Vielleicht hätten Sie ganz anders gehandelt als ich. Möglicherweise wären Ihnen diese Geschichten gar nicht passiert, weil das Leben ganz andere Lektionen für Sie bereithält. Und möglicherweise würden Sie auf die gleiche Geschichte zu unterschiedlichen Zeitpunkten ganz verschieden reagieren beziehungsweise ganz unterschiedliche Lösungsansätze finden. Ich bin mir sogar sicher, dass Sie im Verlauf Ihres Lebens nicht immer gleich reagieren, sondern aus den Lektionen, die Sie bereits gemeistert haben, lernen.

Ich persönlich mache immer und immer wieder Fehler. Manche sind größer, manche sind kleiner. Aber dass ich Fehler mache, ist okay. Schließlich bin ich ein Mensch, und schließlich ist es der Schule des Lebens geschuldet, Fehler machen zu dürfen und aus ihnen lernen zu können. Für mich persönlich spielt mein Herz dabei eine immer größere Rolle.

Vielleicht haben Sie Lust, spielerisch an die einzelnen Geschichten dieses Buches heranzugehen und sich zu fragen: Was hätte ich getan, wenn es mir passiert wäre? Was hätte ich aus dieser Begegnung, dieser Situation gelernt? Versuchen Sie, dabei »out of the box« zu denken und zu handeln. Anders ausgedrückt: Versuchen Sie, dabei über den eigenen Tellerrand zu schauen und andere Vorgehensweisen oder Lösungsansätze auszuprobieren. Einfach so. Einfach zum Spaß. Einfach als Spiel. Schließlich ist das Leben doch ein Spiel, oder? Aber das ist wieder eine andere Geschichte.

ÜBUNG

Ihr Journal der Meisterschaft

Vielleicht fühlen Sie sich inspiriert, sich eine Art Journal oder Tagebuch zuzulegen, in dem Sie Ihre eigenen Erfahrungen aufschreiben. Nehmen Sie sich dafür am Ende des Tages oder am Wochenende Zeit, um sich ein Erlebnis herauszupicken, das Sie besonders erfreut, verärgert, amüsiert, getriggert oder berührt hat. Machen Sie eine kleine Weisheitsgeschichte daraus. Schreiben Sie auf, was Ihnen durch eine Begegnung oder ein Erlebnis bewusst geworden ist. Versuchen Sie, diese Geschichten mit Abstand und einer Prise Humor zu beschreiben. Notieren Sie auch, was genau Sie durch diese Situation verstanden haben.

Die Armbanduhr

»Wir können uns nicht gleichzeitig auf zwei Gefühle konzentrieren. Da wo Frieden ist, kann keine Angst sein.«

DALAI LAMA

Konrad war einer der vielen Teilnehmer eines Meditations-Retreats, an dem ich vor vielen Jahren im Chiemgau teilnahm. Er wirkte auf den ersten Blick ruhig, freundlich und sehr umgänglich. Am ersten Abend setzte sich eine junge Frau zur Meditation neben ihn. Sie trug eine Armbanduhr, die Konrad in dieser ersten Meditation hörte und die ihn störte. Er war fast die ganze Zeit damit beschäftigt, sich zu überlegen, wieso diese Frau eine Uhr brauchte. Schließlich wurden die Meditationen angeleitet, und überhaupt hatten die Veranstalter im Anschreiben darauf hingewiesen, dass man Schmuck und Schminke zu Hause lassen sollte.

Am nächsten Tag setzte Konrad sich im Essraum in die hinterste Ecke, weil er seine Ruhe haben wollte. Aber wie der Zufall es manchmal will, setzte sich die junge Frau mit der Armbanduhr an seinen Tisch. Klaus konnte die Uhr hier ebenfalls hören. Ja, er hörte sie sogar so gut, dass sie zeitweise wieder seine ganze Aufmerksamkeit absorbierte und er sich erneut gestört fühlte. Die Uhr tickte so laut, dass er sich nicht auf das Essen konzentrieren konnte.

Im Verlauf der kommenden Tage wurde die Armbanduhr im Kopf von Konrad immer größer. Sie nahm immer mehr Raum ein. Er nahm die Uhr gedanklich manchmal sogar mit in die Gehmeditation und machte sich währenddessen Gedanken darüber, wieso eine Teilnehmerin eines Meditations-Retreats so egoistisch sein und die ganze Zeit eine Uhr tragen konnte, die so laut tickte. Ja, einmal träumte er sogar davon. Er konnte es nicht verstehen, dass jemand so fixiert auf die Zeit war und deshalb ständig eine Uhr tragen musste. Ging es in seinen Augen doch gerade darum, einmal alles hinter sich zu lassen. Alle Gewohnheiten. Alles Anhaften. All das, woran wir hängen. Und alles, was uns normalerweise so wichtig erscheint. Konrad störte nun nicht mehr nur die Uhr selbst, sondern er begann, sich innerlich immer mehr mit der Trägerin dieser Uhr zu beschäftigen. Sein innerer Kritiker war einfach fassungslos. Arrogant schaute er auf die Frau herab und bewertete sie. Und dabei kam sie wahrlich nicht gut weg. Immer wieder fragte er sich, wie man nur so an weltlichen Dingen hängen kann, dass man seine Uhr mit in den Meditationsraum nimmt!

Und so verbrachte Konrad seine Zeit damit, sich über die Uhr und deren Besitzerin zu ärgern. Am dritten Tag war er sehr wütend, weil er das Ticken nicht mehr aushielt. Er war schon so weit, dass er sich beim Leiter des Retreats beschweren wollte. Er wollte ihm sagen, was für eine Zumutung es sei, einen solch materialistischen Menschen am Retreat teilnehmen zu lassen. Solche Menschen seien unspirituell und hätten auf solchen Veranstaltungen nichts verloren! Diesen Dialog spielte er mehrere Male im Kopf durch und verbrachte sehr viel Zeit damit, ihn zu verfeinern.

Am vorletzten Morgen des Retreats wartete Konrad vor der Meditationshalle auf die Trägerin der Armbanduhr. Er sprach sie an: »Entschuldige, wenn ich dich jetzt störe, aber deine Armbanduhr ist so laut! Ich höre sie schon das ganze Retreat! Es ist kaum auszuhalten, so laut tickt sie.« Daraufhin schaute die Frau Konrad erstaunt an und meinte: »Du musst mich mit jemandem verwechseln. Meine Uhr ist bereits am zweiten Tag stehen geblieben. Ich trage sie aber trotzdem als Zeichen dafür, dass jeder Augenblick hier kostbar ist und ich diese Zeit nicht vertrödeln darf.« Dann legte die Frau die Hände vor dem Herzen zusammen, verneigte sich vor Konrad und ging schweigend in Richtung Frühstücksraum weiter.

ÜBUNG
Ist das wirklich wahr?

Die Geschichte der Armbanduhr macht auf so wunderbare Weise deutlich, dass wir uns nur allzu gern in irgendwelchen Geschichten verstricken, die unser Geist uns erzählt. Besonders in solchen Zeiten, in denen wir mit uns selbst und dem Leben unzufrieden sind, haben wir das Gefühl, dass sich im Außen etwas ändern muss, damit wir uns wohler fühlen. Schauen wir hingegen genauer hin, erkennen wir, dass nicht die Menschen, Situationen oder Umstände die Ursache für unsere negativen Gefühle sind. Es ist vielmehr unsere Sicht auf die Dinge. Es sind unsere Bewertungen, die dafür sorgen, dass innerer Stress entsteht, wir Angst bekommen oder Ärger, Unmut oder Wut in uns aufsteigt. Dabei sehen wir eine Situation lediglich durch unsere eigene Brille – beziehungsweise die unseres inneren Kritikers. Diese Sichtweise ist allerdings nicht die Wahrheit.

Wir können unseren Blickwinkel erweitern, indem wir unsere Scheuklappen abnehmen, achtsamer werden und uns immer wieder fragen, ob es wirklich wahr ist, was wir meinen, über einen anderen Menschen, eine Situation, eine Nation oder einen Umstand zu wissen. Wir können uns immer wieder fragen: »Ist das wirklich wahr?« oder »Gibt es noch eine andere Möglichkeit, eine andere Sichtweise auf die Situation oder den Menschen? Eine Einschätzung, die auf das Wohl aller ausgerichtet ist?« Eine solche Herangehensweise kann unseren Blick weit werden lassen und uns dabei helfen, den einen oder anderen Glaubenssatz unseres inneren Kritikers loszulassen. Dann wird unser Herz weiter und das Leben leichter.

Mein Kissen, mein Geist und ich

»Wer von uns träumt nicht davon, dass er am Tag X Herzkammern in sich entdeckt, von denen er bisher nichts ahnte. Die etwas Grandioses von ihm zeigen, etwas, das allem widerspricht, was ihn bisher an sich zweifeln ließ.«

ANDREAS ALTMANN

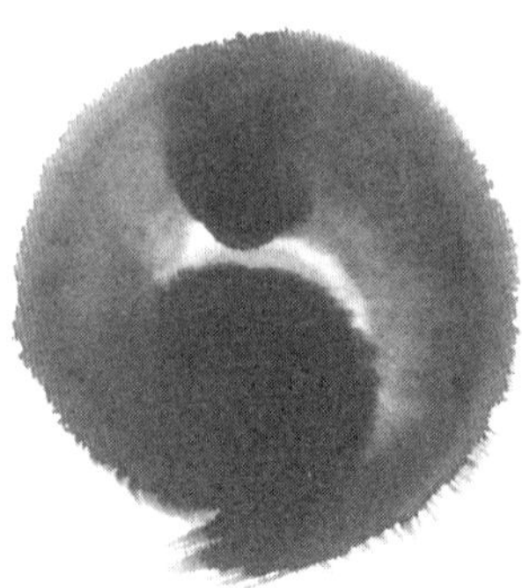

Es ist 5.45 Uhr. Der Wecker klingelt laut und unnachgiebig. Nur widerwillig schäle ich mich aus einem Traum. Dann realisiere ich, wo ich bin, und springe aus dem Bett. Als ich in den Flur trete, schleichen Menschen an mir vorbei. Mit gesenktem Kopf. Mit bequemer Kleidung. Mit achtsamen Schritten. Ohne Schmuck und ohne Schminke. Insgesamt bewegt sich ein Strom von vierundzwanzig mehr oder weniger verschlafenen Gestalten auf die Meditationshalle zu. Acht Stunden Meditation täglich stehen für die nächsten zwölf Tage auf dem Programm. In der Halle sitzt auf dem Kissen rechts von mir eine Frau Mitte vierzig. Sie hat eine saftige Erkältung, die ich in den nächsten vier Tagen hautnah mitbekommen werde. Ich bin ihre unmittelbare Zeugin. Ihr Husten, ihr Naseputzen, ihr Schniefen, ihr lauter Atem, ihr unterdrückter Husten – das alles erlebe ich von Moment zu Moment mit.

Ich setze mich hin und richte mein Kissen für die erste Meditation ein. Ein paar Augenblicke später, um Punkt sechs, ertönt der Gong zum ersten Mal. Ich beobachte meinen Atem. Ich beobachte, wie er kommt und wie er geht. Ich beobachte ihn voller Elan. Ich beobachte ihn hoch motiviert. Doch fünf Minuten später verliere ich mich in Gedanken. Hole mich wieder zurück. Beobachten und verlieren – dieses Prozedere wiederholt sich in den nächsten Tagen unzählige Male.

Ich bin in dieses Retreat gekommen und habe viel Geld dafür gezahlt, weil ich mich vom Krach der Welt zurückziehen will. Ich halte ihn derzeit nicht sehr gut aus. Ganz davon abgesehen möchte ich lernen, mich selbst besser auszuhalten. Ich bin auch hergekommen, weil ich mir selbst näherkommen will, um dadurch anderen Menschen näherzukommen. Ich will mich selbst verstehen lernen. Ich will mich lieben lernen. Ich will Glückswellen erfahren. Ich will achtsamer werden. Mit mir selbst und anderen. Mit dem Leben und mit dem Tod.

Ich will viel zu viel.

Nach vierzig Minuten ertönt der Gong zum zweiten Mal. Danach folgt die erste Gehmeditation, dann eine weitere Sitzmeditation. Im Anschluss kommt das erste Highlight des

Tages für mich: das Frühstück. Ich genieße jeden Löffel des Breis und jeden Schluck des Tees. Ich will nirgendwo sonst sein. Ab 9.30 Uhr geht es weiter mit Sitzen, Gehen, Sitzen, Gehen, Sitzen, Essen, Schlafen, Sitzen, Gehen, Sitzen und Gehen. Währenddessen durchströmen mich im Wechsel Wellen des Glücks, der Langeweile, der Rückenschmerzen, der Müdigkeit, des Zweifels, der Einheit, der Frustration, der Einsamkeit und der Verbundenheit. Dann gibt es einen Vortrag, einen sogenannten Dharmatalk über den Sinn der Meditation. Nach dem anschließenden Abendessen sitzen wir noch einmal, bis um 21 Uhr der Gong die letzte Meditation beendet. Danach falle ich erschöpft in mein Bett. So geht es zwölf Tage lang.

In den kommenden Tagen erlebe ich eine äußerst vielschichtige Palette von Gedanken, Gefühlen und Körperempfindungen. Mit ihnen bin ich mal vollständig identifiziert, und ein anderes Mal erkenne ich sie als Gedanken, Gefühle und Körperempfindungen an. Leider bin ich häufiger mit ihnen identifiziert, als mir lieb ist. Es gibt aber auch magische Momente, in denen ich vollkommen in mir ruhe. In denen ich nur Atem bin. In denen ich reine Liebe bin. In denen ich alle bin. Aber es sind weniger, als ich mir erhofft hatte. Schließlich bin ich doch hergekommen, weil ich nur im reinen Gewahrsein sitzen wollte! Ich wollte sitzen und sein. Wunschlos glücklich sitzen. Bewegungslos sitzen. Gedankenlos sitzen. Im inneren Frieden sitzen. Einfach nur sitzen. Nur da sein. Nur sein.

Ich wollte zu viel.

In den ersten drei Tagen wird meine Aufmerksamkeit immer wieder vom Husten, Schniefen, Naseputzen und lauten Atmen meiner Nachbarin absorbiert. Manchmal bin ich so wütend auf sie, dass ich mich nicht wiedererkenne. In anderen Moment fließt mein Herz vor lauter Mitgefühl für sie über. Dann gibt es Momente, in denen ich erkenne, dass es keine Trennung zwischen ihr und mir gibt. So etwas passiert in Momenten, in denen ich nichts will. Dies sind die Momente, in denen ich einfach nur bin. Atem. Stille. Atem.

In anderen Augenblicken will ich es besonders gut machen. Dann konzentriere ich mich bewusst auf den Einatem und auf den Ausatem. Mit strenger Achtsamkeit. Mit voller Konzentration. Mit enormer Anspannung. Dann achte ich auf meine Nasenlöcher und das, was ich dabei spüre, wenn der Atem in den Körper einströmt und ihn wieder verlässt. Auch wenn es so banal klingt, je mehr ich will, desto mehr geistige Anstrengung braucht es. Heitere Gelassenheit ist noch nicht ausgebildet. Alle paar Sekunden schweife ich ab. Ich vergesse meine Nasenspitze. Ich verliere mich in irgendeinen Gedanken, der sich vollkommen unbemerkt zwischen mich und das gleichmäßige Atmen oder die Achtsamkeit stellt. In anderen Augenblick klebt meine Aufmerksamkeit an einem Geräusch, wie dem Gesang des Vogels, der zu einem willkommenen Sprungbrett in eine fantastische Welt wird. Dann hole ich mich wieder zurück, und das Einatmen wird ganz von allein zu einem so außergewöhnlichen Erlebnis, dass sich von einem Moment auf den anderen die Grenzen zwischen mir und der Welt auflösen.

Jeden Tag erlebe ich unterschiedlichste Zustände. Mal gleicht es einer wilden Achterbahnfahrt, mal einem stillen See. Ich lasse mich immer wieder aufs Neue darauf ein, bewusst durch alles hindurchzugehen, was sich mir zeigt. Offen. Wertfrei. Achtsam. Ich versuche, so gut wie möglich da zu sein, mit jeder Faser meines Körpers. Von Moment zu Moment versuche ich, mich immer wieder zurückzuholen. Von Augenblick zu Augenblick bemühe ich mich, nicht ununterbrochen zwischen Vergangenheit und Zukunft hin- und herzupendeln oder alles und jeden zu bewerten. Von Atemzug zu Atemzug versuche ich es neu. Mal wird es mir in einem Bruchteil von einer einzigen Sekunde bewusst, dass ich gerade dabei bin, mich in eine der zahllosen Geschichten zu verwickeln, die aus meinen Gedanken entstehen. Manchmal bemerke ich es erst zehn Minuten später. Bei all diesen inneren Ausflügen ist das Meditationskissen mein stummer Zeuge. Es urteilt nicht. Es schämt sich auch nicht fremd für meine Gedanken. Ganz im Gegensatz zu mir. Von meinem Kissen kann ich viel lernen.

Nach drei Tagen komme ich langsam zur Ruhe. Ich komme an. Und indem ich ankomme, wird mir auch der Grund meines Herkommens tiefer bewusst: Ich habe wirklich den tiefen Wunsch, mir selbst näherzukommen. Ich möchte Türen in mir öffnen, die mir selbst bislang verschlossen waren. Solche, von denen ich möglicherweise noch gar nicht weiß, dass es sie gibt. Ich möchte Türen öffnen, die einen Raum des tiefen Urvertrauens aufzeigen. Ich möchte Türen öffnen, hinter denen sich mir die bedingungslose Liebe offenbart. Ich möchte endlich etwas in mir selbst finden, wonach ich mich bei anderen gesehnt habe.

An manchen Tagen habe ich jedoch das Gefühl, dass mir der lange Atem dafür fehlt, »es« zu finden. Das sind die Augenblicke, in denen sich mir mein Widerstand in den Weg stellt. Dann fühle ich mich eingeengt. Dann stören mich die Regeln, macht mich der Gong zornig, die anderen Teilnehmenden ärgern mich grundlos, die Struktur nimmt mir die Luft zum Atmen. Ich sehne mich nach der Erfahrung des »offenen Raumes«, die der Seminarleiter während seiner Vorträge verspricht. Wir bräuchten uns nur hinzugeben. Wir bräuchten nur da zu sein mit dem, was ist. Je häufiger er davon spricht, desto mehr gerate ich unter Druck. Ich fühle mich manipuliert. Ich habe das Gefühl, dass man mir vorgibt, in welche Richtung die Suche gehen soll. Ich möchte mich auf die Suche nach mir machen, ohne etwas Bestimmtes erfahren zu müssen.

Nach ein paar Tagen ist meine Nachbarin wieder gesund. Nun ruht sie wie Buddha auf ihrem Kissen. Wie elegant sie aussieht. Wie grazil sie plötzlich wirkt. So, als könne sie nichts mehr aus der Ruhe bringen. Ich beneide sie. Ich würde auch gern so dasitzen wie sie. Der Nachbar links von mir erinnert mich ebenfalls an Buddha. Während die beiden wie Säulen in sich ruhen, rutsche ich nach ein paar Stunden immer wieder auf meinem Kissen hin und her, in der Hoffnung, irgendwann die ideale Sitzposition gefunden zu haben, in der Hoffnung, dass der Gong wieder ertönt und ich rauskann in die Natur, wo die Sonne scheint und die Weite lockt.

Immer wieder nehme ich die Menschen um mich her in Augenschein, wenn ich lange vor dem Ertönen des Gongs die Augen öffne. Die meisten sehen so gelassen aus. Ein unruhiger Geist scheint hier niemanden zu quälen. Die meisten sitzen da, als wären sie im Waffenstillstand mit sich selbst und dem Rest der Welt. Ich frage mich, ob es ihnen in die Wiege gelegt wurde, in sich zu ruhen, oder ob sie es sich über viele Jahre erarbeiten mussten, mit der Welt in Frieden zu sein. Ich auf jeden Fall muss mir den Frieden umständlich und mühsam auf dem Kissen erkämpfen. Dabei blieb das Kissen ruhig. Es ist und bleibt in Frieden mit mir, ein stummer, geduldiger Zeuge.

Viele der Teilnehmenden strahlen bereits nach einigen Tagen etwas Schönes aus. Mir kommt es so vor, als würde durch das stille Sitzen jeder im Raum nach und nach attraktiver, friedlicher, entspannter, achtsamer, liebenswerter, mir näher. Und je länger die Menschen sitzen, desto offener wirken sie auf mich. Nur mich selbst empfinde ich als rastlos, unachtsam, unkonzentriert und unbeholfen.

Tag zwölf: Um zwölf Uhr ertönt der Gong das letzte Mal. Ich atme aus und atme auf. Mein erstes Retreat geht zu Ende. Jetzt bin ich wieder frei. Kann gehen, kann reden, kann tun und lassen, was ich möchte und wann ich es möchte. Obwohl ich mich über die wiedergewonnene Freiheit freue, durchfährt mich ein Abschiedsschmerz. Wehmut. Sehnsucht. Nach mehr Einheit. Nach mehr Stille. Nach mehr Begegnung mit mir selbst. Ich stehe auf und verneige mich vor meinem Kissen. Es war zwölf Tage lang mein Anker, mein Ruhepol, mein Ort der Entspannung und der Offenbarung, mein Freund und mein Feind, mein stummer, nicht wertender Zeuge.

Als ich mich abschließend von einigen Teilnehmenden verabschiede, sagen sie mir: »Wann immer ich dich gesehen habe, hast du ruhig und entspannt gewirkt. Ich selbst hatte hingegen auf meinem Kissen zu kämpfen.«

Das Telefon des Windes

Japan hat mich immer wieder fasziniert. Beeindruckt hat mich insbesondere sein Umgang mit dem Tod. Zum Beispiel gibt es einmal im Jahr in Suwako ein Fest, bei dem die Seelen der Verstorbenen wieder zur Erde zurückkehren. Dann sind sie drei Tage bei ihren Verwandten und gehen danach wieder in den Himmel. Während dieser Tage wird mit den Seelen gefeiert, gegessen und geredet. Wer nicht bis zu diesem Fest warten möchte, der kann nach Otsuchi fahren, dort gibt es eine Telefonzelle, über die man mit Verstorbenen sprechen kann: das »Telefon des Windes«.

Wie kam es zu so einer Telefonzelle? Im Jahr 2011 gab es einen Tsunami, von dem der Ort Otsuchi besonders betroffen wurde. Gut zehn Prozent seiner Einwohner kamen dabei ums Leben. Von einem Moment auf den anderen verloren viele Menschen ihre Familienmitglieder, Freunde und Bekannten.

Einen wichtigen Menschen hatte auch Itaru Sasaki verloren. Sein Cousin war bereits ein Jahr zuvor an Krebs gestorben. Als Zeichen seiner Trauer stellte er eine Telefonzelle in seinem Garten auf, auf einem Hügel mit Blick über den Pazifik. Sie sollte die Worte mithilfe des Windes zu dem Verstorbenen tragen. Hierfür brauchte es keine Verbindung zu einer Telefongesellschaft. Jedes Mal, wenn Itaru in seiner Telefonzelle stand, ließ er seinem Schmerz freien Lauf, erzählte seinem Cousin von all den Dingen, die sich aufgestaut hatten und die er hier mal rauslassen konnte.

Seit Itaru dieses Häuschen gebaut hat, kamen bereits mehr als zahntausend Menschen hierher, um in der gläsernen Telefonzelle ihrer Trauer Ausdruck zu verleihen. Manche von ihnen waren dafür Hunderte von Kilometern angereist. Die Bedienungsanleitung lautet: »Schließen Sie die Augen, und hören Sie zu. Wenn Sie den Klang der Wellen, des Windes und der Vögel hören, dann sprechen Sie aus, woran Sie gerade denken.« Manchmal kann eine einfache Telefonzelle unser Meister sein und uns verdeutlichen, dass wir uns mit den Menschen, die wir lieben, auf vielfältige Weise verbinden können.

ÜBUNG
Verstorbene einladen

Japan ist nicht gerade der nächste Weg. Aber wenn Sie zu Hause meditieren, können Sie ein Bild von einem Menschen, der bereits verstorben ist, an Ihren Meditationsplatz oder Altar stellen und ihn einladen, zusammen mit Ihnen zu meditieren. So mache ich es. Sie werden erstaunt sein, wie dankbar diese Seelen sind, mit Ihnen eine Zeit in Stille verbringen zu können.

Eine elegante Diebin

»Eine der Grundregeln des Universums ist, dass nichts perfekt ist. Perfektion gibt es einfach nicht … Ohne Unvollkommenheit würden weder Sie noch ich existieren.«

STEPHEN HAWKING

Elke war Australierin und wollte sich in Thailand eine dreimonatige Auszeit gönnen. Sie kam nach Phuket, und wie es so auf Reisen ist, begegnete sie vielen anderen Reisenden. Eine davon war Touchy, eine wunderschöne, quirlige und sehr offene Amerikanerin. Die beiden freundeten sich an, und Touchy erzählte Elke davon, dass sie auf ein Vipassana-Retreat gehen wollte. Elke wurde neugierig, und so machten die beiden Frauen sich auf, um gemeinsam an dem Retreat teilzunehmen. Sie nahmen ein Doppelzimmer und versprachen sich aber, nicht miteinander zu sprechen. Das ist bei den meisten Retreats so üblich. Schließlich soll man sich vollkommen auf sich selbst konzentrieren. Die beiden hielten sich daran, und für Elke war dieses Retreat eine ganz neue, wunderbare Erfahrung. Touchy verließ das Meditationszentrum gleich im Anschluss. Elke wollte noch eine weitere Woche dort verbringen. Die ganzen Tage über dachte sie voller Zuneigung an Touchy und die gemeinsame Zeit.

Am Tag ihrer Abreise suchte Elke nach ihrer Goldkette, die sie am Tag ihrer Ankunft neben ihr Bett gelegt hatte. Wo sie auch schaute, sie konnte die Kette nicht finden. Während sie suchte, schoss ihr plötzlich ein Gedanke durch den Kopf: »Ob Touchy diese Kette gestohlen hat?« Sie wies diesen Gedanken schnell wieder zurück, aber er drängte sich bereits nach kurzer Zeit noch einmal auf. Würde die Freundin so etwas tun? Die Kette war sehr wertvoll, und Elke wusste, das Touchy nicht viel Geld hatte. Plötzlich gingen Elke zahlreiche Situationen durch den Kopf, in denen Touchy ihr von ihrem Geldproblemen erzählte hatte. Und ja, plötzlich war sie sich sicher, dass Touchy die Kette gestohlen hatte. Irgendwie kam es Elke auch so vor, als hätte sich ihre Freundin beim Abschied merkwürdig verhalten. Je länger Elke darüber nachdachte, desto sicherer wurde sie sich, dass Touchy eine Diebin ist. Sie sah plötzlich aus, wie nur Betrüger aussehen. Sie ging, wie nur Diebinnen gehen. Sie hatte eine Ausstrahlung, wie nur hinterhältige Menschen sie haben. Elke ärgerte sich, dass sie ihr so blind vertraut hatte.

Und dann, als sie ein letztes Mal in ihr Zimmer ging, sah sie auf dem Fensterbrett etwas glitzern. Erst da realisierte sie, dass sie die Kette zu Beginn des Retreats letztlich dort abgelegt hatte. Elke schämte sich sehr, dass sie ihre Freundin beschuldigt hatte. Ihr wurde schlagartig bewusst, wie tief verankert die Tendenz in ihr war, anderen Menschen etwas zu unterstellen. Als sie Touchy das nächste Mal per Zoom sprach, wunderte sie sich, wie es ihr überhaupt in den Sinn kommen konnte, ihrer Freundin so etwas zuzutrauen.

ÜBUNG
Tendenzen erkennen

Kennen Sie Situationen, in denen Sie einem Menschen eine Handlung unterstellt haben und sich im Nachhinein herausgestellt hat, dass Sie ihm damit Unrecht getan haben? Kennen Sie die Tendenz in sich, Menschen oder Gruppen nach ihrem Geschlecht, ihrer Religion, Hautfarbe oder politischen Zugehörigkeit zu verurteilen und abzulehnen, ohne sich genauer mit den einzelnen Menschen auseinandergesetzt zu haben? Lassen Sie Ihr Leben diesbezüglich Revue passieren, und machen Sie sich bewusst, wie schnell Sie in die Tendenz verfallen, andere zu bewerten. Vielleicht wollen Sie künftig diesbezüglich ein bisschen genauer auf Ihren inneren Kritiker achten. Sobald Sie bemerken, dass Sie einem Menschen im Geiste oder auch im Gespräch etwas unterstellen, ohne sich wirklich sicher zu sein, ob Ihr Verdacht stimmt, fragen Sie lieber nach. Am besten mit einer offenen und wertfreien Haltung. Möglicherweise werden Sie überrascht sein, wie oft Sie mit Ihrer Sicht auf andere falschliegen. So wie wir alle.

Ein Notenblatt als Lehrer

»Wahrlich keiner ist weise,
der nicht das Dunkle kennt.«

HERMANN HESSE

Das Leben, unser Meister, sucht sich manchmal sehr eigenwillige Wege aus, um uns eine Lektion zu erteilen. Manchmal verstehen wir die Belehrung, die es uns mit einem bestimmten Umstand, einer alles verändernden Begegnung oder einem existenziellen Verlust erteilen möchte, erst Jahre später. Sören Kierkegaard brachte es mit folgenden Worten auf den Punkt: »Das Leben kann nur vorwärts gelebt und rückwärts verstanden werden.«

Es heißt, dass uns alles, was uns begegnet, zu unserer eigenen Bestimmung und zu unserem Herzen führt. Vorausgesetzt, wir sind achtsam und haben das Leben als unseren Lehrer akzeptiert. Dann haben wir das Gefühl, dass alles in Ordnung ist, so wie es ist. Auf dem richtigen Weg zu sein bedeutet aber keineswegs, dass all das, was uns passiert, immer schön ist. Es heißt auch nicht, dass alles immer richtig läuft. Ebenso wenig bedeutet es, dass alles immer gut wird. Und da wir unser Leben erst rückwärts verstehen können – und dabei kann auch schon mal ein Jahrzehnt vergehen –, kann es passieren, dass wir erst spät erkennen, dass es die lang anhaltende Krise gebraucht hat, um bei uns selbst anzukommen.

Manchmal kämpfen wir hart um die Liebe eines Menschen, um den Erhalt eines Arbeitsplatzes oder mit einer chronischen Krankheit. Und sosehr wir uns bemühen, wir verlieren den Menschen, den Arbeitsplatz trotzdem oder bleiben weiterhin krank. Manchmal haben wir es einfach verdammt schwer und müssen erkennen, dass wir keine andere Wahl haben, als von unseren Wünschen, Vorstellungen und Sehnsüchten loszulassen. Die Akzeptanz, die Demut, die Hingabe, sie öffnen uns die Tür zu jenem Raum, in den wir hineinentspannen können, wenn wir loslassen. Dann erkennen wir, dass etwas viel Größeres auf uns wartet. Möglicherweise sieht dieses Größere ganz anders aus, als wir gedacht haben. Manchmal ist dieses Größere die letzte Seite aus einem Kapitel, einem Lebensabschnitt, oder es ist das letzte Puzzleteil, das zur Vollendung einer Geschichte gefehlt hat. Und manchmal ist es auch der erste Schritt in eine neue Richtung.

Da ich Geschichten liebe, bin ich auch immer auf der Suche nach außergewöhnlichen und berührenden Biografien. Erfahrungen, die Menschen gemacht haben, die das Herz öffnen und den Geist weiten, faszinieren mich. Begebenheiten, die deutlich machen, dass ein Unglück am Ende immer zu etwas Nutze war und alles gut wird, gefallen mir besonders. Die Inder sagen gern: Und wenn es noch nicht gut ist, dann ist es noch nicht das Ende.

»Wie bitte?!«, werden Sie jetzt möglicherweise denken. Gerade habe ich doch gesagt, dass nicht immer alles gut wird. Was für ein Paradox. Was für ein Mysterium. Was für ein Geheimnis, dieses Leben.

Beeindruckt haben mich das Leben und die Musik von Murray Perahia, einem US-amerikanischen Pianisten und Dirigenten. Auf dem Höhepunkt seiner Karriere schnitt er sich mit vierzig Jahren an der Kante eines Notenblatts am rechten Daumen. Blätter können manchmal nämlich so scharf sein wie Messer. Der Schnitt entzündete sich, und dies hatte zur Folge, dass der berühmte Pianist jahrelang nicht mehr spielen konnte. Der Troubadour des Pianos, wie Perahia auch genannt wird, konnte seiner Passion nicht mehr nachgehen. Doch anstatt den Kopf hängen zu lassen oder sein Schicksal zu beklagen, tauchte er auf ganz neue Weise in die Musik ein und beschäftigte sich noch einmal ganz anders mit ihr. Das Notenblatt hatte ihm Demut und noch mehr Tiefe geschenkt. Die Goldberg-Variationen, die er danach einübte, waren fünfzehn Wochen lang in den Charts. Seine Improvisationen sind zutiefst melancholisch. Sie berühren mein Herz. Sie berühren mein Sein. Sie berühren mich deshalb, weil sie von einem Meister der Noten und einem Meister des Lebens gespielt werden.

Der innere Kritiker ist immer dabei

Leider sind es primär die schmerzvollen Situationen, die uns reifer werden lassen. Sie bringen uns an unsere Grenzen, machen uns demütig und öffnen so unser Herz. Auch wenn die Lektionen noch so qualvoll sind, brauchen wir sie, um mit uns selbst in Kontakt zu kommen. Mit etwas, was größer ist als unser kleines Ich. Nach solchen Erfahrungen können alte Verletzungen häufig an Bedeutung verlieren. Das passiert dann, wenn wir die Lektion verstehen, die uns das Leben, unser Meister, damit geschickt hat. Durch eine solche Erfahrung können wir einen Perspektivenwechsel vornehmen und betrachten uns nicht länger als Opfer eines schlechten Umstands, einer falschen Arbeit, eines egoistischen Kollegen oder einer rachsüchtigen Partnerin. Wir lernen, dass solche Erfahrungen zum Weg gehören. Und im Nachhinein sind wir häufig sogar dankbar dafür und können dem Leben mit tieferer Offenheit, mehr Vertrauen und Neugierde begegnen. Wir gehen gestärkt aus den Erfahrungen hervor und schauen dem Leben gelassener entgegen. Wir fühlen uns nicht länger vom Leben betrogen, sondern erkennen, dass wir selbst mehr und mehr zu Meistern werden.

Aber bei einem bleibt Vorsicht geboten: bei unserem inneren Kritiker. Solange wir mit seinen Augen auf unser Leben, auf unsere Lektionen und auf unsere daraus gewonnenen Erkenntnisse schauen, haben wir das Gefühl, dass mit uns etwas nicht stimmt und wir etwas falsch machen. Selbst dann, wenn Außenstehende uns versichern, dass wir eine Krise mit Bravour gemeistert haben, kann unser innerer Kritiker versuchen, uns weiterhin das Gefühl zu vermitteln, dass wir es hätten besser machen können. Er gibt uns immer wieder das Gefühl, dass etwas an uns zu bemängeln ist. Seine harten Urteile verstellen den Blick auf das, was uns auszeichnet und wer wir im tiefsten Innern sind.

Wenn wir an den Erfahrungen reifen, können wir diese veralteten Zuschreibungen loslassen. Wir erkennen, dass wir nicht das sind, was der innere Kritiker in uns sieht. Wir realisieren, dass wir nicht die Geschichten sind, die er uns über uns erzählen will. Und wir entwickeln mit jeder neuen Lektion Bewusstsein dafür, dass wir selbst entscheiden können, ob wir uns unserem inneren Kritiker zuwenden oder ob wir lieber auf unser Herz hören, das uns bedingungslos liebt.

Aber selbst dann, wenn Sie und ich die besten Absichten haben, werden wir dem inneren Kritiker immer wieder begegnen. Sie werden immer wieder bemerken, dass es viel Achtsamkeit, viel Selbstmitgefühl, viel Geduld, viel Zuversicht, viel Selbstliebe, viel Mitgefühl und einen starken Willen braucht, um das eigene Herz nicht aus dem Auge zu verlieren. Deshalb ist es wichtig, ein spielerisches Verhältnis zum Leben als Ihrem Lehrmeister zu gewinnen. Absichtsvoll und nachsichtig zugleich. Geduld, Achtsamkeit, Selbstmitgefühl und Klarheit sind Eigenschaften des Herzens. Diese Qualitäten wohnen jedem Menschen inne, aber wir haben sie vergessen, und so ist es an uns, sie mit jeder Lektion, die das Leben uns schenkt, wieder hervorzuholen und weiterzuentwickeln.

Geduld ist eine besonders wertvolle Eigenschaft. Sie stärkt unsere Zuversicht und Hoffnung und vermittelt uns, dass es sich lohnt, sich nicht länger als Opfer äußerer Umstände zu betrachten. Stattdessen können wir es als ein Privileg ansehen, vom Leben lernen zu dürfen. Unserer innerer Kritiker hingegen pflegt permanent Krieg zu führen: gegen uns und gegen die Dinge, wie sie sind. Leider ist er sehr resistent, und es reicht nicht, diesen Krieg mit ihm einmal zu beenden. Wir müssen es immer wieder tun. Er wird nicht müde, Zweifel, Verlangen, Verwirrung in unseren Geist zu streuen, und wir müssen immer wieder achtsam und offen sein, um dies mitzukriegen. Alle Lektionen, die das Leben, unser Meister, uns schenkt, sind Übungen, die uns dazu führen sollen, noch mehr Selbstmitgefühl, Herzenswäre, Geduld und Akzeptanz auf dem Weg zur inneren Freiheit zu entwickeln.

Das Leben als unser Meister ist ein strenger Lehrer. Erkenntnisse, die wir nicht selbst gemacht haben, werden uns nicht weiterbringen. Angelesenen, Übernommenes oder Antrainiertes sind wie Pech, das an unseren Flügeln klebt und uns daran hindert, selbstständig in die Freiheit zu fliegen. Das Leben möchte uns selbst zu Meistern machen. Es möchte, um mit den Worten Buddhas zu sprechen, dass wir den Buddha im Außen töten. Es will, dass wir uns selbst ein Licht werden. Keine leichte Übung, aber eine machbare. Für Sie, die Sie dieses Buch immer noch in den Händen halten, auf jeden Fall eine, die Sie stärker, weiter und weiser werden lässt.

Das innere Licht strahlt

»Sei dir selbst ein Licht.«

BUDDHA

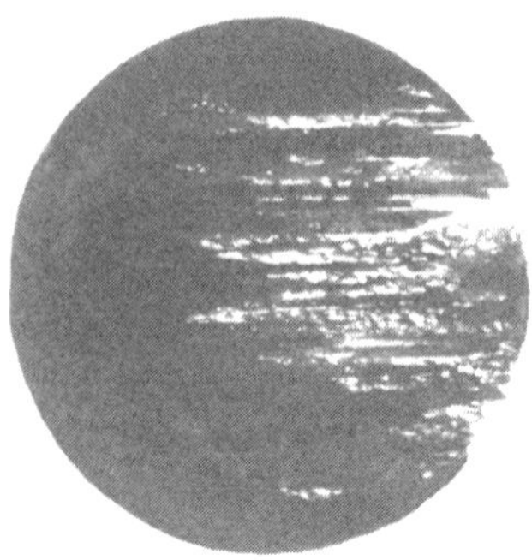

Ich leitete ein Meditations-Retreat mit zwanzig Teilnehmenden. Die meisten waren Yogalehrerinnen zwischen dreißig und fünfzig Jahren. Sie alle waren sehr engagiert und hatten große Freude an der Praxis. Eine Teilnehmerin, Maria, war schon etwas älter, so um die fünfundsechzig. Sie war sehr zurückhaltend, und obwohl sie im Vergleich mit den anderen viel länger Yoga praktizierte und meditierte, strahlte sie etwas sehr Selbstunsicheres aus. An einem Tag konnte ich in einer Meditation ein großes strahlendes Licht wahrnehmen. Es war so schön und so stark! Als ich hinspürte, von wem es ausging, konnte ich erkennen, dass es von Maria kam. Nach der Meditation verließen die Teilnehmenden den Raum, um zum Frühstück zu gehen. Als Maria an mir vorbeiging, nahm ich sie zur Seite und meinte: »Maria, dein inneres Licht hat so gestrahlt in der Meditation. Es ist wunderschön.« Sie schien genau zu wissen, was ich meinte, und deshalb wiederholte ich: »Maria, es ist so wunderschön, dein inneres Licht.« Dann schaute sie mich verlegen an und sagte: »Ja, es ist oft da, aber ich traue mich nicht, so ein schönes Licht zu mir zu nehmen.« Mit Tränen in den Augen wandte sie sich ab und ging ebenfalls zum Frühstück.

In dem Moment war ich sehr traurig und betroffen, und mir fiel ein Text von Marianne Williamson ein: »Unsere tiefste Angst ist nicht, dass wir unzulänglich sind, unsere tiefste Angst ist, dass wir über die Maßen machtvoll sind. Es ist unser Licht, vor dem wir am meisten erschrecken, nicht unsere Dunkelheit. Wir fragen uns: Wer bin ich, dass ich so brillant, großartig, talentiert, fabelhaft sein sollte? Aber wer bist du denn, dass du es nicht sein solltest? Du bist ein Kind Gottes. Dich klein zu halten, dient der Welt nicht. Dich klein zu halten, damit die anderen um dich herum sich nicht unsicher fühlen: Das hat nichts mit Erleuchtung zu tun. Wir sind dazu bestimmt, zu leuchten wie Kinder. Wir sind geboren, um die Größe Gottes, der in uns lebt, zu verwirklichen. Und diese Größe ist nicht nur in einigen von uns, sie ist in jedem Menschen. Und wenn wir unser Licht leuchten lassen, dann geben wir unbewusst anderen Menschen die Erlaubnis, dasselbe zu tun. Wenn wir selbst von Angst frei sind, dann sind die anderen durch unser Dasein auch frei.«[1]

---

1 Marianne Williamson: Rückkehr zur Liebe. Goldmann 2016, Seite 201.

ÜBUNG

Das innere Licht annehmen

Nehmen Sie sich für diese Meditation nach Möglichkeit fünfzehn bis zwanzig Minuten Zeit. Kommen Sie in eine aufrechte und bequeme Sitzhaltung. Lassen Sie sich nieder, und bringen Sie Ihre Aufmerksamkeit in Ihren Herzraum. Stellen Sie sich vor, dass dort ein inneres Licht strahlt. Versuchen Sie, es wertfrei wahrzunehmen. Vielleicht ist es eine kleine Flamme, vielleicht ist es ein größeres Licht. Manche Menschen können es sehen, andere besser spüren. Und manchmal braucht es auch ein bisschen Übung, bevor es sich zeigt.

Verweilen Sie mit Ihrer Aufmerksamkeit bei diesem Licht, und atmen Sie in diesen Bereich hinein. Lassen Sie das Licht da sein, ohne es verändern zu wollen. Atmen Sie liebevoll in Ihren Herzraum hinein, und verweilen Sie hier. Möglicherweise wird das Licht schwächer oder größer. Alles, was ist, darf sein. Vielleicht möchten Sie Ihre Hand auf dieses Energiezentrum legen, um dieses Licht oder diese Lichtenergie besser wahrnehmen zu können.

Atmen Sie abschließend noch dreimal bewusst dort hinein, und kehren Sie dann wieder in Ihren Alltag zurück.

Du bist spitze!

»Für mich gibt es Wichtigeres im Leben als die Schule.«

MARK TWAIN

Ich war ein wildes Kind. Bereits während ihrer Schwangerschaft dachte meine Mutter, dass ich ein Junge sei. Als Kind spielte ich lieber mit meinem Bruder und seinen Freunden als mit Puppen. Die eine oder andere Fensterscheibe ging auf mein Konto. Meine Eltern hatten es nicht leicht mit mir. Und ich nicht mit ihnen. Aufgrund meiner Behinderung, einem fehlenden Ohr und einem Auge, auf dem ich weniger sehe als auf dem anderen, war ich sehr unruhig. Schulpsychologen gab es damals noch nicht, dafür aber die Tendenz meiner Eltern, meine Behinderung runterzuspielen. Natürlich gab es noch andere Gründe für meine Unruhe, aber das ist eine andere Geschichte. Mein schlechtes Hören und Sehen führte dazu, dass ich in der Schule viel störte und in die letzte Reihe gesetzt wurde. Dort hörte und sah ich noch weniger, was dazu führte, dass ich noch mehr störte. Eine Brille trug ich nicht. Ich wurde bestraft, hatte andauernd Einträge im Klassenbuch und bekam sogar einige Abmahnungen. Jeder Elternsprechtag war für meine Eltern der blanke Horror. Und für mich natürlich auch.

Meine Eltern waren überfordert, verärgert – es war ein Teufelskreislauf, aus dem es kein Entrinnen gab. Mein Vater saß nach jeder Zeugnisausgabe, nach jeder schlecht benoteten Klassenarbeit, nach jedem Elternsprechtag vor mir und fragte mich in resigniertem Ton: »Was soll aus dir nur werden?« Meine Mutter glaubte auch nicht an mich. Und was tat ich? Ich tat alles, um ihnen zu beweisen, dass ich so schlecht, ungehorsam und dumm war, wie sie mich sahen. Ich schrieb schlechte Noten, und als meine Eltern sich scheiden lassen wollten, steckten sie mich in ein Internat. Dort fühlte ich mich wie im Gefängnis. Ich verweigerte mich noch mehr. Ich lernte noch weniger. Ich gehorchte nicht mehr. Jedes Mal, wenn ich am Wochenende nach Hause kam, saß mein Vater wieder kopfschüttelnd vor mir und meinte, dass aus mir nichts mehr werden würde.

Meine Eltern ließen sich nicht scheiden und holten mich wieder nach Hause. Wenn dort etwas kaputtging, war ich die Erste, die beschuldigt wurde. Egal, was ich tat oder auch nicht tat, ich hatte meine Rolle als »looser« weg. Und ich? Ich tat alles, um diesem Ruf gerecht zu werden. Genauso wie meine Eltern war ich der Ansicht, dass ich dumm bin, und ich glaubte auch nicht daran, jemals in meinem Leben irgendetwas hinzubekommen. Im Geiste hatte mein Leben bereits geendet, noch bevor es begonnen hatte. Ich verließ die Realschule mit dem wohl schlechtesten Zeugnis, das dort jemals gemacht wurde. Ich war der Looser.

Auch in den kommenden Jahren blieb ich dem Grundsatz meiner Eltern treu. Zwischenzeitlich war auch ein sehr überzeugender innerer Kritiker bei mir eingezogen. Und zwar unkündbar. Während meine Schulfreundinnen auf die Universitäten gingen, jobbte und reiste ich. Ich jobbte schlecht und ungern. Ich reiste viel und gern. Mit Ende zwanzig, als ich in Mexiko an einem Strand stand, dachte ich, dass es an der Zeit sei, etwas auf den Weg zu bringen.

Kurz darauf lernte ich einen Mann kennen, der mich sehr liebte. Er glaubte an mich. Bereits nach einigen Treffen sagte er: »Hey, du bist wirklich spitze! Du bist intelligent und unkonventionell.« Dieser Mann war ein sehr erfolgreicher Geschäftsmann, als Personalleiter hatte er Tausende von Menschen in seiner Firma eingestellt. Als ich ihm von meinem Vater erzählte, lachte er, schüttelte den Kopf und meinte: »Nein. Dumm bist du nicht. Du bist eigenwillig. Mach etwas daraus.«

Eine Woche später meldete ich mich zum Abendgymnasium an. Nach vier Jahren hielt ich mein Abschlusszeugnis in der Hand. Von insgesamt vierhundert hatten nur siebzig Leute die vier Jahre berufsbegleitend durchgehalten. Ich war eine davon. Und ich war stolz, eine davon zu sein. Als ich ihm mein Abiturzeugnis zeigte, meinte der Mann, der mich sehr liebte: »Ich hab dir doch gesagt, dass du nicht dumm bist.« Vier Wochen später starb er. Aber das ist eine andere Geschichte.

Fünf weitere Jahre vergingen, und ich hielt mein Abschlusszeugnis der Universität in der Hand. Ich hatte das Studium mit der Note 1,4 absolviert. Mit Tränen in den Augen schaute ich auf das Zeugnis und war einfach nur glücklich. Ich hörte, wie der Mann, der mich so sehr geliebt hatte, sagte: »Siehst du! Du bist nicht dumm. Und jetzt geh und mach etwas aus deinem Leben!« Am eigenen Leib hatte ich erfahren, was passiert, wenn andere Menschen nicht an dich glauben. Und ich hatte auch erfahren, was geschehen kann, wenn jemand davon überzeugt ist, dass du spitze bist.

ÜBUNG
Wer schwächt Sie?
Wer nährt Sie?

Lassen Sie Ihr Leben Revue passieren. Welche Menschen haben Ihnen das Gefühl gegeben, dass Sie wertlos, unnütz, dumm oder hässlich sind? Sind diese Stimmen in Ihnen immer noch präsent? Wirken diese Stimmen in Form des inneren Kritikers immer noch in Ihnen? Inwieweit lassen Sie sich von diesen Stimmen immer noch leiten? Finden Sie heraus, wer sich Ihrer Einzigartigkeit in den Weg stellt.

Und nun andersherum gefragt: Welche Menschen haben Sie in Ihrem Leben unterstützt? Wer glaubt an Sie? Wer schenkt Ihnen Kraft und Energie? Wer und was stärkt Sie?

Verbringen Sie viel Zeit mit den Menschen, die Ihnen Kraft schenken und an Sie glauben, und meiden Sie solche, die Ihnen nicht guttun oder Ihnen Energie rauben.

Es geht immer noch ein bisschen mehr

»Die einzige Weisheit, die wir erwerben können, ist die Weisheit der Demut: Demut ist ohne Ende.«

THOMAS STEAMS ELIOT

Die ersten Bücher, die ich geschrieben habe, schafften es nicht auf eine Bestsellerliste. Um ehrlich zu sein, sie kamen auf den Listen nicht mal unter die ersten tausend. Als mein Buch *Alles ist Yoga* erschien, änderte sich dies schlagartig. Es wurde von einem österreichischen Magazin zum »besten Buch des Jahres« nominiert und kletterte auf der Amazon-Verkaufsliste irgendwann auf Platz 678. Ich war hocherfreut und sehr zufrieden. Aber nach zwei Tagen meldete sich der innere Kritiker in mir und meinte: »Na ja, was ist schon Platz 678?!« Er hatte recht! In mir machte sich eine gewisse Unzufriedenheit breit. Ein paar Tage später schaute ich wieder nach, und mein Buch war auf Platz 319 gerutscht. Ich freute mich riesig und genoss das gute Gefühl. Aber auch hier dauerte es nicht lange, bis sich mein innerer Kritiker wieder meldete und mir sagte: »Na ja, ist zwar ganz schön, aber …« Das Spiel setzte sich so fort, bis ich auf Platz 99, 89, 79, 39, 19 und Platz 9 kam. Jedes Mal freute ich mich, und jedes Mal meldete sich mein innerer Kritiker wieder, um mir zu sagen, dass es noch einen besseren Platz gibt! In der Zwischenzeit hatte ich das Spiel durchschaut und konnte immer besser die Position der inneren Beobachterin einnehmen. Irgendwann erreichte ich mit diesem Buch den zweiten Platz in der Kategorie »Östliche Weisheiten«. Ich freute mich und war sehr stolz darauf, dass mein Buch so viele Leser gefunden hatte.

Dann erhielt ich einen Brief vom Verlag, dass die erste Auflage verkauft worden sei und sie die ISBN ändern mussten. Ich konnte zusehen, wie mein Buch nach und nach zurück auf den Platz 189.987 rutschte. Dieses Mal nahm ich es mit einem Lächeln hin. Ich hatte die Lektion gelernt! Mein innerer Kritiker ist NIE zufrieden.

In den kommenden Jahren standen andere Bücher von mir eine Zeit lang sogar auf Platz 1. Jedes Mal genoss ich diese Wertschätzung, war aber auch nicht traurig, wenn es ein Buch nicht auf den ersten Platz schaffte. Und wenn mir mein innerer Kritiker in solchen Momenten erzählen wollte, dass es sich bei einem Buch, das auf Platz 1 stand, ja immer noch nicht um einen Spiegel-Bestseller handelte, lächelte ich, nahm ihn innerlich in den Arm und belohnte mich einer guten Tasse grünem Tee.

ÜBUNG
Wann ist es genug?

Kennen Sie diese innere Stimme, die immer noch mehr möchte, immer noch bessere Ergebnisse sehen will und alles Mögliche und Unmögliche von Ihnen verlangt? Machen Sie sich mit dieser inneren Stimme vertraut, und verpassen Sie nicht, kleine Erfolge und große Errungenschaften zu genießen. Machen Sie sich jeden Abend bewusst, was Sie alles geleistet, geschafft und gemacht haben. Feiern Sie sich, so oft es geht! Denn dem inneren Kritiker ist es nie gut genug.

Ein Lieblingsmantra

»Wenn man seine Ruhe nicht in sich findet, ist es zwecklos, sie andernorts zu suchen.«

FRANCOIS DE LA ROCHEFOUCAULD

Vor einigen Jahren habe ich einen achtwöchigen Achtsamkeitskurs geleitet. Ein solcher Achtwochenkurs bringt uns ebenfalls mit unseren Denkmustern und Eigenarten in Kontakt. Lassen wir uns ganz auf ihn ein und nutzen wir diese Zeit, um die Übungen und Meditationen wirklich zu machen, kann ein solcher Kurs ein großer Gewinn sein. Wir lernen die eigenen Denk- und Verhaltensmuster besser kennen, und wenn es gut läuft, bemerken wir, wie vieles wir durch die Brille unseres inneren Kritikers betrachten.

Zu diesem besagten Achtwochenkurs kam auch Katharina. Während alle anderen pünktlich um neunzehn Uhr auf ihrem Meditationskissen saßen, kam Katharina zehn Minuten später. Sie klingelte gleich zweimal, um auch sicher zu sein, dass wir sie hörten. Wir hörten nicht nur das Klingeln, sondern auch, wie sie die Tür öffnete, dann hinter sich ins Schloss fallen ließ und wie sie sich im Nebenraum umzog. Dabei fiel ihr – dem Geräusch zu folgen – ihre Tasche auf den Boden, und einige Gegenstände rollten durch den Raum. Bevor sie in unseren Raum kam, ging sie noch einmal zur Toilette, und auch das war für uns alle gut hörbar.

Ich hatte die anderen Teilnehmer bereits beim ersten Klingelton aufgefordert, sich von den Geräuschen im Außen nicht ablenken zu lassen. Sie sollten stattdessen versuchen, bei sich zu bleiben und sich auf ihren Atem zu konzentrieren. Nachdem sich Katharina auf ihrem Meditationskissen niedergelassen und die Augen geschlossen hatte, lud ich auch sie ein, genauso wie die anderen im Raum anzukommen und sich zu entspannen.

Während sich die Gesichter der Menschen in dieser Runde nach und nach sichtlich entspannten, bekam der Ausdruck in Katharina etwas sehr Angespanntes. Ihre Schultern waren hochgezogen, die Falte zwischen den Augenbrauen wurde immer tiefer, und es war offensichtlich, dass ihr das Atmen schwerfiel. Sie atmete mehrfach tief ein und mit einem gut hörbaren Seufzer aus.

Als die kleine Einstimmungsmeditation zu Ende war, erzählten alle Teilnehmenden, wie es ihnen während der ersten Minuten an diesem Abend ergangen war. Alle sprachen von ihren eigenen inneren Wahrnehmungen: ihren Gedanken, ihren Gefühlen oder ihren Körperempfindungen. Als Katharina an der Reihe war, prustete es aus ihr heraus: »Es ist so laut hier! Ich konnte mich während der ganzen Meditation nicht konzentrieren!«

Sie war die Erste überhaupt, die sich über die Lage des Raumes beschwerte. Die Praxis lag zwar an einer stark befahrenen Straße, aber es hatte bislang noch niemanden gegeben, der dies so störend fand wie Katharina.

Nach ein paar theoretischen Erklärungen über die Meditation als Möglichkeit, sich selbst bewusster wahrzunehmen, leitete ich eine weitere Meditation an. Mittlerweile hatte der Straßenverkehr auch schon nachgelassen, und es war deutlich ruhiger geworden. Plötzlich klingelte inmitten der Meditation ein Smartphone laut und eindringlich. Katharina riss die Augen auf, drehte sich zur Seite, stieß dabei ein Glas Wasser um, und nachdem sie das Wasser notdürftig vom Boden aufgewischt hatte, ging sie in die Umkleidekabine, um das dort aufbewahrte Smartphone leiser zu machen, welches die ganze Zeit unüberhörbar weitergeklingelt hatte.

Sie kam zurück, setzte sich wieder auf ihr Kissen und schloss die Augen. Als ich die Meditation beendete und fragte, ob einer der Teilnehmenden etwas zu den Erfahrungen während der Meditation sagen wolle, meinte sie: »Ich bitte um Entschuldigung. Das war Maria am Telefon. Sie ist immer so wahnsinnig laut und ruft auch meistens im falschen Moment an.«

Katharina kam in der darauffolgenden Woche nicht mehr zur Meditation. Als Grund sagte sie in unserem Telefonat in leicht vorwurfsvollem Ton einen Satz, der ihr Lieblingsmantra zu sein schien: »Es war mir viel zu laut während des Kurses.«

ÜBUNG
Das eigene Lieblingsmantra finden

Wir alle haben unsere Lieblingssätze – oder besser gesagt unsere Lieblingsklagen. Manche Menschen fühlen sich permanent gestresst und sagen immer wieder: »Ich habe keine Zeit …« oder »Ich bin gerade im Stress« oder »Ich muss mal eben noch dies tun oder jenes erledigen«. Oder: »Man müsste dies tun!«, »Man sollte jenes lassen!« Andere Lieblingssätze können sein: »Ich darf das nicht.« Oder: »Ich kann das nicht tun.« Mit solchen Sätzen nehmen wir uns selbst die Gelegenheit, ein entspannteres Leben zu führen. Gleichzeitig verschließen wir uns für die Wunder des Lebens. Wir verlieren unsere Spontanität und schränken uns selbst ein.

Gibt es in Ihrem Leben auch solche Sätze, solche Mantras, die Sie für wahr halten? Seien Sie achtsam solchen Sätzen gegenüber, und machen Sie – um es mit einem Buchtitel von Shiva Ryu zu beschreiben – keinen Punkt an die Stelle, an die Gott nur ein Komma gesetzt hat. Schreiben Sie die Sätze auf, die Sie gern verwenden, um einen Mangel, einen Fehler oder ein Defizit zu beschreiben. Vermeiden Sie diese Worte zukünftig, und fragen Sie sich stattdessen einmal: »Könnte das, was ich im Außen kritisiere, etwas mit mir selbst zu tun haben?«

Der schwarze Schmetterling

*»Wir glauben, Erfahrungen zu machen,
aber die Erfahrungen machen uns.«*

EUGENE IONESCO

Im Winter eines Jahres reiste ich in den Norden Thailands für ein mehrwöchiges Schweige-Retreat. Ich zog mich zurück, weil ich spürte, dass es etwas in mir gibt, das will, dass ich mich immer weiter öffne. Es will, dass ich Raum schaffe für das, was ich seit ewigen Zeiten bin. Etwas, das weiß. Etwas, das ich bereits vor meiner Geburt war und auch nach meinem Tod sein werden. Etwas, das bedingungslos liebt. Etwas, das nichts braucht und alles ist. Im Alltag liegt es verschüttet unter all den Verpflichtungen und Ablenkungen. Aber ein so langes Retreat, so hoffte ich, würde mir bestimmt tiefere Erkenntnisse über die Beschaffenheit meines eigenen Seins schenken.

Einer meiner Lieblingsplätze in dem thailändischen Zentrum war eine Art Labyrinth aus Steinen. Es diente der Praxis der Gehmeditation. An diesem Platz konnte ich mich besonders gut darin üben, Schritt für Schritt ganz im Moment anzukommen. Hier konnte ich üben, jeden Atemzug präsent und wach wahrzunehmen. Hier konnte ich üben, die Erkenntnis zuzulassen, dass alles miteinander verbunden ist. Hier konnte ich loslassen. Hier konnte ich sein. Einfach sein. Einfach. Sein.

In der Mitte des Labyrinths und an den Seiten befanden sich große Steinpyramiden, die von wunderschönen Schmetterlingen angeflogen wurden. Jeden Morgen nach dem Frühstück ging ich dorthin, um mich in der achtsamen Gehmeditation zu üben. Einatmend hob ich den rechten Fuß, und ausatmend setzte ich ihn am Boden ab. Ich genoss jeden einzelnen Atemzug. Schritt für Schritt. Atemzug für Atemzug. Was für eine Freude. Was für ein Geschenk.

Häufig kamen die Schmetterlinge, während ich dort ging. Einer von ihnen gefiel mir besonders gut. Die Außenseiten seiner Flügel waren schwarz, und auf den Innenseiten hatte er blaue und weiße Punkte. Er war so schön, dass ich ihn gern aus der Nähe betrachtet hätte. Jedes Mal, wenn er sich auf eine der Pyramiden niederließ, ging ich achtsam Schritt für Schritt dorthin. Und jedes Mal, wenn ich dort ankam, flog er zu einer anderen Pyramide und ließ sich dort nieder. Ich folgte ihm zur nächsten Pyramide, bis er auch hier wieder wegflog, sobald ich in seine Nähe kam. Dieses Spiel spielten wir jeden Morgen.

Eines Tages flog er in Kreisen um mich herum, als ich den Platz betrat. Aber an diesem Tag hatte ich nicht mehr die Absicht, mich von ihm an der Nase herumführen zu lassen, und sagte laut: »Also, damit du Bescheid weißt: *Ich* laufe dir nicht mehr hinterher! Wenn du willst, kannst *du* zu mir kommen!« Ich streckte dem Schmetterling meinen rechten Zeigefinger entgegen. Es war eigenartig, mich selbst sprechen zu hören, weil ich mich in der dritten Schweigewoche befand. Aber meine Aufforderung klang sehr deutlich. So deutlich, dass sie wohl auch der Schmetterling verstand. Er umkreiste mich dreimal, dann ließ er sich auf meiner Hand nieder. Ich schaute ihn an und blickte in mein eigenes Herz. Seelenruhig verweilte er auf meiner Hand. Seelenruhig teilen wir das, was nicht mit dem Verstand geteilt werden kann. Seelenruhig beantwortete er mir all meine Fragen. Dann erhob er sich und flog weg. Der Schmetterling hatte mich gelehrt, dass Dinge dann zu einem kommen können, wenn man ihnen nicht länger hinterherläuft. Der Schmetterling hatte mich auch gelehrt, die wesentlichen Fragen mit dem Herzen zu stellen.

ÜBUNG
Klassische Gehmeditation

Suchen Sie sich eine Strecke aus, auf der Sie gut und ungestört zehn bis zwanzig Schritte gehen können. Wenn Sie möchten, können Sie Ihre Hände an den Unterbauch legen, unterhalb des Bauchnabels. Dort befindet sich unsere Körpermitte und unser Zentrum. Wenn Sie Ihre Hände dort ablegen: Verbinden Sie sich ganz bewusst damit. Richten Sie Ihren Körper noch einmal bewusst auf, und entspannen Sie sich im Körper und im Geist.

Heben Sie nun einatmend den rechten Fuß, und verlagern Sie ganz bewusst Ihr Gewicht auf den linken Fuß. Ausatmend setzen Sie Ihren rechten Fuß am Boden ab. Nehmen Sie dann beide Füße wahr, bevor Sie den linken Fuß vom Boden heben. Gehen Sie auf diese Weise die zehn bis zwanzig Schritte, und versuchen Sie, mit Ihrer ganzen Aufmerksamkeit bei Ihrem Körper und insbesondere bei Ihren Füßen zu sein. Am Ende der Wegstrecke angekommen, drehen Sie um und gehen die Schritte wieder zurück. Gehen Sie so ein paarmal hin und her.

Machen Sie diese Übung nach Möglichkeit über einen längeren Zeitraum, und versuchen Sie, Ihren Geist nach Hause zu bringen, das heißt in Ihren Körper. In Ihre Mitte. In Ihr Leben. In Ihr Sein. Sobald er während der Gehmeditation abschweift und sich in der Zukunft oder Vergangenheit verliert und Sie dies bemerken, holen Sie ihn einfach zurück. Lächelnd. Offen. Freundlich. Achtsam.

ÜBUNG
Gehmeditation im Alltag

Versuchen Sie, auch im Alltag immer wieder ganz bewusst und achtsam eine Wegstrecke zu gehen. Wie wär's, wenn Sie einmal am Tag einen Weg gehen, den Sie nicht gut kennen oder besser noch gar nicht kennen? Als »Gewohnheitstieren« fällt es uns schwer, offen zu bleiben und auch im Alltag immer wieder neue Wege zu gehen. Deshalb kann diese Übung im übertragenen Sinne eine wertvolle Unterstützung sein, die Sie dazu einlädt, auch innerlich einmal einen Perspektivenwechsel vorzunehmen und neue Wege zu versuchen. Sie können einen unbekannten Weg langsamer gehen als üblich. Bewusster. Achtsamer. Zentrierter. Ruhiger. Mit offenen Sinnen.

Der militante Buddhist

»Man kann einen Menschen nichts lehren, man kann ihm nur helfen, es in sich selbst zu entdecken.«

GALILEO GALILEI

Während eines Amerikaaufenthaltes nahm ich an einem Meditations-Retreat teil. Mit dem Wunsch, Erleuchtung zu erlangen. Was auch immer das ist. Was auch immer es sein könnte. Wie auch immer es aussehen würde. In meiner Vorstellung fühlte es sich so gut an! Großherzig. Edel. Weise. Offen. Bedingungslos liebend. Achtsam. Das kleine Meditationszentrum lag in einem wunderschönen Wald, und es gab dort viele exotische Vögel. Die Bäume waren uralt und ebenfalls sehr exotisch. Die Natur hier berührte mich vom ersten Tag an und öffnete Türen zu lange verschlossenen Herzkammern in mir.

Der Besitzer des Zentrums war ein Texaner, der lange in der Army gedient hatte. Er erzählte mir gleich in unserem ersten Gespräch, dass er sich seit seinem fünfzehnten Lebensjahr sehr intensiv bemühte, Erleuchtung zu erlangen. Schnell teilte er mir eine Vielzahl von Regeln mit, die ich unbedingt einzuhalten hätte. Obwohl er schon seit zehn Jahren nicht mehr beim Militär war, strahlte er etwas Strenges und Militantes aus. Und er meinte, nur dann, wenn man sich an all die Regeln halten würde, hätte man die Chance, Erleuchtung zu erfahren. Mir widerstrebte sein rigides Verhalten, und ich fühlte mich in seiner Gegenwart immer sehr unwohl. Ich dachte an andere buddhistische Lehrer, die mir begegnet waren, wie zum Beispiel den Dalai Lama. Er war für mich der Inbegriff der Freude und das Sinnbild eines erleuchteten Wesens.

An einem Tag lief ich durch den Wald und sah dort einen wunderschönen Vogel. Sein buntes Federkleid berührte mich zutiefst in meinem Herzen. Irgendwann begann er zu singen, und mir war, als wenn er nur für mich singen würde. Ich fühlte mich mit diesem Vogel zutiefst verbunden, und mein Herz schäumte über vor Liebe für dieses kleine gefiederte Wesen. Erfüllt und voller Freude über diese Begegnung lief ich zum Retreat-Leiter und fragte ihn nach dem Namen des Vogels. Er schaute mich erstaunt an und sagte: »Vögel und die Namen von Vögeln interessieren mich nicht. Sie halten mich nur ab auf dem Weg zur Erleuchtung!« Dann nickte er, drehte sich um und ging. Ich hatte ich das Gefühl, als hätte mir jemand einen Eimer mit kaltem Wasser über den Kopf geschüttelt. Es war ein Moment des Erwachens. Es war der Moment, in dem mein Wunsch, Erleuchtung zu erlangen, erlosch. Dafür erwachte ich in dem Wunsch, ganz Mensch zu werden. Ein Mensch mit einem offenen Herzen, in dem alles Platz haben kann, wunderschön singende Vögel ebenso wie schräge Vögel.

Das Haus Gottes

»Erfahrung ist der beste Lehrmeister.
Nur das Schulgeld ist teuer.«

THOMAS CARLYLE

Vor vielen Jahren besuchte ich ein mehrwöchiges Meditations-Retreat. In den zwei Jahren davor war ich häufig umgezogen. Schon allein deshalb spürte ich eine tiefe Sehnsucht nach Ruhe und Stille. Am Ende der ersten Meditation fragte der Seminarleiter: »Wenn du einen Wunsch frei hättest, was würdest du dir wünschen?« Ich brauchte nicht lange zu überlegen. Gleich schoss mir der Satz durch den Kopf: »Ich möchte endlich in mir selbst zu Hause sein!« Und noch bevor ich mich in dieses Gefühl der Sehnsucht hineinbegeben konnte und meinem Verlangen in Vorstellungen von einem »perfekten« Zuhause nachgehen konnte, meldete sich eine weitere Stimme in mir laut lachend: »Huhu! Du bist doch schon lange angekommen!« Ich schluckte. Ich wunderte mich. Ich lachte. Und gleich darauf meldete sich die Stimme noch einmal zu Wort: »Du brauchst es dir nur bequem zu machen!« Ich war zutiefst berührt.

Aber dann durchfuhr mich ein kaltes Schaudern, und die Frage schoss mir durch den Kopf: »Ich? Habe ich es denn überhaupt verdient?! So einfach soll das sein?! Bräuchte ich dann etwa nicht mehr zu meditieren? Keine Retreats mehr zu machen? Wäre es tatsächlich möglich, dass ich, die sich in ihrem Leben alles so hart verdienen musste, endlich angekommen wäre? Einfach so? So einfach? Bräuchte ich keine besondere Prüfung zu machen? Wäre meine Reise als Suchende für immer vorbei?« Natürlich begleitete mich dieser Wunsch anzukommen bereits, seit ich denken konnte, aber sollte es tatsächlich ein Ende der Suche geben?!

Nachdem ich eine Weile über diese Fragen und ihre möglichen Konsequenzen nachdachte, fiel mir eine Geschichte des indischen Dichter Rabindranath Tagore ein. Ich gebe sie hier frei und etwas modifiziert wieder: Einst lebte in Holland ein Mann. Viele Jahre und mit sehr viel Liebe, Hingabe und Zuversicht suchte er Gott. Manchmal machte er während des Segelns, seiner großen Leidenschaft, eine Erfahrung, bei der er sich sehr tief mit Gott verbunden fühlte. Andere Male bekam er während eines zehntägigen Vipassana-Retreats einen Geschmack davon, wie es sich anfühlen würde, in Gott aufzugehen. Beim Yoga hatte er ähnliche Erfahrungen und ebenfalls in einigen Nächten, in denen er in den Sternenhimmel geschaut, dabei in sein eigenes Herz geblickt und sich mit allem verbunden gefühlt hatte. Aber er hatte sehr genaue Vorstellungen davon, wie es sich anfühlen würde, wenn er Gott eines Tages von Angesicht zu Angesicht begegnen würde. Er hatte ganz konkrete Ideen, wie es sein würde heimzukommen. Die Vorstellung war so genau, die Idee so konkret, dass sie alles, aber auch alles, was er tatsächlich erlebte, erblassen ließ. Egal, wie tief und berührend seine Erfahrungen waren. Egal, wie umfassend.

In einem Sommer wanderte er für mehrere Wochen auf einem alten Pilgerweg in Italien. Er hoffte inbrünstig, dass Gott sich ihm dort zeigen würde. Vielleicht in Assisi oder an einem anderen der heiligen Orte. Das Gehen machte ihm große Freude, weil er unterwegs so vielen netten und offenen Suchenden begegnete und sich mit ihnen herzlich über den eigenen Weg austauschte, die eigenen Erfahrungen und die eigenen Hoffnungen, die mit dieser Wanderung verbunden waren.

Am letzten Tag der Wanderung überquerte er einen Pass. Als er oben angekommen war, stand dort ein bisschen versteckt ein Haus. Er ging hin, denn er hatte großen Hunger und Durst und wollte fragen, ob ihm die Menschen, die hier wohnten, etwas geben oder verkaufen könnten. In dem Moment, als er anklopfen wollte, schaute er auf das Türschild. Da stand: »Hier wohnt Gott.« In diesem Moment war er überglücklich. Er atmete tief durch und legte den Finger auf die Klingel. Dann schoss ihm folgender Gedanke durch den Kopf: Was wäre, wenn hier tatsächlich Gott wohnen würde? Das würde das Ende seiner Suche bedeuten. Er bräuchte nicht weiterzureisen. All seine Pläne wären hinfällig. Die Retreats, die er bereits für das kommende Jahr gebucht hatte, wären überflüssig. Damit würden all die herzlichen Begegnungen wegfallen. Die ganzen liebevollen, langen Umarmungen und mitfühlenden Zuwendungen zwischen ihm und den anderen

Teilnehmenden, die auch nach Gott suchten, gäbe es nicht mehr. Sein Leben hätte keinen Sinn mehr!

Jetzt erst realisierte er, wie viel ihm dieses Leben als Suchender bedeutete. Er war irritiert. Er war verwirrt. Er war überrascht. Und plötzlich fühlte er sich entlarvt. Dann schaute er sich um und entfernte sich von dem Haus. Dabei war er sehr leise, weil er von niemandem entdeckt werden wollte. Als das Haus außer Sichtweite war, rannte er los. Erst nachdem die Sonne untergegangen war, machte er an einem kleinen See eine Pause. Der Platz gefiel ihm so gut, dass er hier sein Nachtlager aufbaute, und nachdem er in seinen Schlafsack gekrabbelt war, schlief er auch sofort ein. Als er am nächsten Morgen erwachte, fühlte er sich gut und klar. Gut gelaunt zog er seine Wanderschuhe wieder an und setzte seine Reise als Suchender fort. Von der Erfahrung auf dem Berg erzählte er niemandem ...

In mir meldete sich die Stimme noch einmal. »Und?!«, fragte sie mich. »Willst du etwa auch den Rest deines Lebens als Suchende umherwandern?« »Nein«, antwortete ich. Ich lächelte, und etwas in mir ließ los. Ein nie gekanntes Gefühl von Liebe und Wärme durchströmte meinen Körper und mein ganzes Sein. Seit diesem Tag weiß ich, dass ich ein Zuhause habe. Nein, besser ausgedrückt, ich weiß, dass ich mein Zuhause bin. Und trotzdem verlasse ich es immer wieder. Manchmal sperre ich mich selbst sogar aus. Zeitweise vergesse ich, wo die Eingangstür ist. Der Unterschied zu früher? Ich weiß, dass ich nirgendwo mehr hingehen muss und niemandem mehr etwas beweisen muss. Was für eine Erleichterung. Was für ein Geschenk.

ÜBUNG
Nach Hause kommen

Wie wäre es für Sie, wenn Sie vor Gottes Tür ständen. Würden Sie eintreten? Was wäre, wenn Sie nur Ja sagen müssten, um die Tür zu Ihrem eigenen Zuhause in Ihnen zu öffnen?

Gar nicht so leicht in einer Gesellschaft, in der alle immer nur vom Weiterkommen reden, oder? Ein Gefühl von Heimatlosigkeit ist aber nicht nur für spirituell Suchende ein zentrales Thema. Immer mehr Menschen kennen dieses Gefühl. Genährt wird es durch unbezahlbar hohe Mieten, Kriege, Naturkatastrophen und politisch inakzeptable Situationen. All das führt dazu, dass sich immer mehr Menschen heimatlos fühlen. Das Leben, unser Meister, fordert uns auf, inmitten all dieser Unruhen ein inneres Zuhause zu finden. Folgende Schritte können Ihnen dabei helfen.

1. Lassen Sie die Suche im Außen los

Häufig machen wir unser Glück von äußeren Umständen abhängig. Haben wir eine schöne Wohnung, fühlen wir uns wohl. Besitzen wir ein eigenes Haus, geht es uns gut. Natürlich kann uns eine schöne Bleibe ein Gefühl von Heimat vermitteln. Aber was ist, wenn wir es verlieren? Wenn eine Überflutung uns die Wohnung nimmt, ein Brand uns das Zuhause entzieht, ein Konkurs uns zwingt, umzuziehen und das gewohnte Leben aufzugeben? Wenn wir unser Glück davon abhängig gemacht haben, laufen wir Gefahr, unglücklich zu werden. Finden wir unser Zuhause in uns selbst, können wir einen solchen Verlust leichter überwinden.

2. Nehmen Sie sich Zeit

Schenken Sie sich jeden Tag Zeit, um sich ein inneres, eigenes Zuhause zu schaffen. Schließlich braucht alles seine Zeit. Auch die großen Weisen und Yogis haben ihr inneres Zuhause nicht von hier auf jetzt gefunden. Auch sie haben viel Zeit darauf verwendet, bei sich selbst anzukommen.

3. Machen Sie Ihre innere Weise zur Gärtnerin Ihres Gartens

Unser Geist wird gern mit einem Garten verglichen, der angelegt und gepflegt werden muss. Solange sich Ihr innerer Kritiker darum kümmert, laufen Sie Gefahr, dass der Garten ein Schattendasein führt und nicht sonderlich viele Blumen darin blühen. Sollten Sie einen eigenen Garten besitzen, wissen Sie, wie lange es dauern kann, bis er angelegt ist, bis Kräuter, Obst und Gemüse wachsen und geerntet werden können. Ebenso weiß man, dass wir alte Gedankenstrukturen nicht von heute auf morgen verändern können und dass es lange dauert, bis wir in der Lage sind, uns in uns selbst niederzulassen und bei uns anzukommen. Je besser Sie Ihren eigenen Geist kennen und je mehr Sie ihn kultivieren, desto mehr Früchte wird Ihr innerer Garten tragen und desto wohler werden Sie sich in Ihrem eigenen inneren Zuhause fühlen.

4. Ihr Zuhause ist bereits da

Denken Sie daran, dass Ihr inneres Zuhause bereits existiert. Sie brauchen nicht noch fünf Ausbildungen machen, zwanzig Yogakurse belegen und drei Monate in ein Meditations-Retreat zu gehen. Bei dem inneren Zuhause geht es nicht um Leistung. Ganz im Gegenteil: Sie müssen kein anderer, besserer, spirituellerer Mensch werden, um sich ein inneres Zuhause zu verdienen. Ihr Zuhause befindet sich nicht in der Zukunft und auch nicht außerhalb von Ihnen. Es ist immer da und auch jetzt schon gegenwärtig.

Schüler und unvollkommene Lehrer

»Der Mensch hat dreierlei Wege, klug zu handeln: Durch Nachdenken ist der edelste, durch Nachahmen der einfachste, durch Erfahrung der bitterste.«

KONFUZIUS

In meinen Kursen habe ich nie einen Hehl daraus gemacht, meine eigenen Fehler zu benennen. Ich stelle mich selbst gern als eine Lernende mit ewigem Anfängergeist vor. Ich stelle klar, dass ich nichts weiß. Und je länger ich auf dem spirituellen Weg unterwegs bin, umso klarer realisiere ich, dass ich nicht nur nichts weiß, sondern überhaupt nichts weiß. Ich erkläre den Teilnehmenden meiner Kurse auch sehr gern, dass ich selbst sehr lange gebraucht habe, bevor ich mich auf dem Meditationskissen wohlgefühlt und dass ich auch heute noch mit meinem unruhigen Geist zu tun habe. Den Begriff »meine Schüler« vermeide ich auch dann noch, wenn Menschen schon mehrere Jahre in meine Kurse kommen. Das hat damit zu tun, dass ich persönlich keine Hierarchie mag und mich nicht über andere stellen möchte. Ich weiß, wie schnell Menschen versucht sind, einen Meditations- oder Yogalehrer auf ein Podest zu erheben, und ich weiß auch, wie schnell er wieder vom Podest fliegt.

Spirituelle Lehrer sind keine Heiligen. Sollten sie sich selbst als weiter, weiser oder besser darstellen, dann ist Vorsicht geraten. Versuchen sie, Menschen an sich zu binden, sollte man einen großen Bogen um sie machen. Stellen sie ihre eigene Lehre als die einzig wahre da, sind sie in meinen Augen nicht glaubwürdig. Es gibt viele Wege zu Gott, nach Rom oder auf den Berg.

Solange wir hier auf dieser Erde wandeln, sind wir alle Schüler. Buddha hat seine Schüler immer wieder aufgefordert, den Buddha im Außen – sprichwörtlich – zu töten. Etwas milder formuliert könnte man auch sagen, dass er die Menschen aufgefordert hat, ihr eigenes Licht zu sein. Das Leben ist unser größter Meister. Natürlich brauchen wir auf unserem Weg auch Lehrer, die uns den Weg weisen. Aber wir sollten sie nicht mit Idealen verwechseln und immer wieder in Betracht ziehen, dass auch sie auf dem Weg sind und noch viel lernen dürfen.

Den Buddha im Außen zu töten ist auch deshalb essenziell, weil wir nur so unser eigener Meister, unsere eigene Meisterin werden. Das Leben schleift uns sowieso, und früher oder später nimmt es uns auch unsere Lehrer wieder weg. Es möchte, dass wir selbst zu Meistern werden. Ein Lehrer, der darauf achtet, dass seine Schüler nicht zu einer schlechten Kopie seiner selbst werden, ist ein guter Lehrer. Er weiß um seine eigenen Fehler, und er weiß auch, wie wichtig es ist, dass ein Mensch sein eigenes Licht zum Strahlen bringt.

Leider ist dies aber nicht allen Menschen bewusst. Sie werden gern zu schlechten Kopien ihrer Lehrer. Dies weiß auch die Geschichte von einem Pferdetrainer des Königs zu erzählen. Ein Maharadscha in Indien hatte einen Pferdetrainer, der aus allen Tieren das Beste herausholte. Er gewann mit ihnen national und international viele Rennen. Eines Tages starb der Trainer. Der Maharadscha stellte einen neuen Trainer an, ohne ihn sich selbst anzuschauen. Nach einem halben Jahr realisierte der Herrscher, dass seine Tiere anfingen zu lahmen. Der Maharadscha führte es auf ihr Alter zurück und kaufte die besten Pferde, die er finden konnte. Sie waren wunderschön und jung. Der Trainer arbeitete tagein, tagaus mit ihnen, aber auch sie begannen nach kurzer Zeit zu lahmen. Der Herrscher war ratlos und ließ den Trainer zu sich kommen. Als dieser eintrat, wurde ihm klar, warum seine Tiere lahmten: Der Trainer hinkte auf dem linken Bein. Noch am gleichen Tag entließ er ihn und stellte einen neuen Trainer ein. Dieses Mal schaute sich der Maharadscha den Mann genauer an.

Auch wenn jeder von uns einen inneren Kritiker besitzt und wir uns durch seine Augen mit Argusaugen betrachten, so haben wir doch alle unsere blinden Flecken. Auch dann noch, wenn wir als Psychologin, spiritueller Lehrer oder als Yogalehrerin arbeiten. Es ist das Leben selbst, unser größter Lehrer, das uns auf sie aufmerksam macht. Aber keinesfalls aus Boshaftigkeit oder aus Argwohn, sondern nur deshalb, um uns selbst immer mehr zu Meisterinnen und Meistern unserer selbst zu machen.

Stille erfahren

»Jeder Augenblick kann dein Lehrer sein.«

JON KABAT-ZINN

Ich komme aus einer großen Familie. Meine Eltern, drei Geschwister und ein Betrieb, der direkt ans Elternhaus angebaut worden war, sorgten dafür, dass es bei uns immer sehr lebendig und häufig auch laut zuging. Meine gastfreundlichen Eltern feierten gern mit ihren vielen Freunden. Sie lachten und tanzten gern im großen Kreis. Als Paar hingegen stritten sie sich mehr, als dass sie das Leben gemeinsam feierten. Wir vier Geschwister waren sehr aufgeweckt. Auch wir spielten, stritten und juchzten gern und viel zusammen. Es gab wilde Spiele und schöne Gespräche. Laute Geräusche zogen sich durch den Tag und an den Wochenenden oder Festtagen auch durch die Nacht. Ein Fußball, der eine Scherbe zerbarst, Musik, zu der viele Menschen tanzten, Klavier, das geübt wurde, und Klappern, Rascheln und Rühren aus der Küche, wenn meine Mutter für die hungrige Meute etwas Köstliches zubereitete. Stille gab es so gut wie nie.

Bewusst nahm ich sie zum ersten Mal mit zwölf Jahren wahr. Genauer gesagt an einem heißen Sommertag. Ich kam hungrig aus der Schule und lauschte beim Aufschließen der Haustür auf die Geräusche, die normalerweise aus der Küche kamen. Aber an diesem Tag war es vollkommen ruhig. Im Flur, in der Küche, aber auch in den anderen Räumen unseres Hauses war es still. Totenstill. Keine Stimmen. Keine Musik. Kein Weinen. Kein Lachen. Kein Klirren. Kein Klappern. Meine Geschwister, die sonst immer schon am Esstisch saßen und über ihren Schultag sprachen, waren auch nicht zu hören. Meine Eltern ebenso wenig. Plötzlich bekam ich Angst. Es war eine Stille, die auf sehr unangenehme Art durch meinen Kopf schoss, sich in mein Herz bohrte und sich dort ungefragt niederließ. Irgendwas stimmte hier nicht! Von meiner Mutter, die sonst immer da war, war nichts zu hören, nichts zu sehen. Selbst im Backofen wartete kein Auflauf auf mich.

Ich lief durchs ganze Haus, und das Einzige, was ich immer lauter wahrnahm, war das Klopfen meines eigenen Herzens. Als ich aus dem ersten Stock wieder nach unten rannte, kam meine Mutter mit meinen Geschwistern gerade aus dem

Garten zurück ins Haus. Sie hatte verweinte Augen, und sofort realisierte ich, dass tatsächlich irgendwas nicht stimmte. Meine Mutter bat mich, mich mit ihr an den Tisch zu setzen. Dort erzählte sie mir, dass sie sich von meinem Vater scheiden lassen würde und wir von Nordrhein-Westfalen nach Bayern ziehen würden. Dann wurde es erneut still. In diesem Moment konnte ich hören, wie sich ein Riss durch mein Herz zog. An diesem Tag hatte sich die Stille als Vorbote für schlechte Nachrichten in mein gerissenes Herz eingraviert.

Für die nächsten Jahre vermied ich die Stille und vergaß immer mehr, warum ich es tat. Irgendwann jedoch kam ich wieder mit ihr in Kontakt. Und zwar in der Natur. Die Stille am Gipfelkreuz berührte mich. Die Stille in Wäldern nährte mich. Die Stille unter einem Sternenhimmel entspannte mich. Ich atmete sie ein und freundete mich ausatmend mit ihr an. Atemzug für Atemzug. Sommer für Sommer. Draußen sprach die Stille oft zu mir. Sie hatte mir viel zu erzählen. Sie umarmte mich. Sie hatte mir viel zu geben. Sie erfüllte mich. Sie machte mich glücklich.

In Räumen hingegen mied ich Stille. Deshalb tat ich mich lange mit der Meditation schwer. Ein paar Minuten in Stille hielt ich aus. Aber mehr nicht. Danach wurde ich unruhig. Gleichzeitig hatte etwas in mir so große Sehnsucht nach Stille, nach Ruhe, nach Sein. Deshalb setzte ich mich immer und immer wieder hin und meditierte. Wohl fühlte ich mich dabei aber häufig nicht. Die Zeiten, in denen ich mit mir auf dem Meditationskissen kämpfte, während es still war, begleiteten mich viele Jahre länger als die Zeiten, die ich es genoss.

Irgendwann besuchte ich ein Meditations-Retreat mit dem Titel »Stille, das Tor ins Jetzt«. Bei einer der angeleiteten Meditationen sagte der Seminarleiter: »Ihr könnt euch auf Gedanken, Gefühle und Körperempfindungen konzentrieren und diese wahrnehmen, sobald sie auftauchen. Aber«, so fuhr er fort: »da ist noch etwas anderes, auf das ihr eure Aufmerksamkeit richten könnt: die Stille in euch. Sie ist immer da. Und sie ist eure wahre Heimat.« Ich hörte seine Worte, und wie von selbst lenkte etwas in mir die Aufmerksamkeit auf diese innere Stille. An diesem Tag fand tiefe Heilung statt. Ich hatte zwar schon viele Male gehört und gelesen, dass es so etwas wie Stille in uns gibt, aber manchmal muss man eine Anleitung tausendmal hören, bevor sie Wirklichkeit wird. Indem die Tür zur Stille aufging, kam die Erinnerung an die Situation hoch, die ich als Zwölfjährige erlebt hatte. Jetzt konnte ich den Schmerz zulassen. Jetzt war es mir möglich, mich diesem Riss im Herzen zuzuwenden. Jetzt konnte etwas heilen.

Stille und ihre Facetten

Ausgelöst durch diese Erfahrung, begann ich, mich intensiver mit Stille auseinanderzusetzen. Ich erfuhr, dass spirituell Suchende seit Jahrtausenden die Stille als ihre wichtigste Meisterin betrachteten. Sie half ihnen, sich selbst zu begegnen. Sie unterstützte sie darin, sich selbst zu finden. Manche gingen in die Wüste, andere in Wälder, wieder andere in die Berge, um die Stille dort als ihre Meisterin zu finden. Mit ihrer Hilfe fanden Polarforscher, Mystikerinnen, Heilige, Pilgerinnen, Hirten und Gelehrte wichtige Antworten auf für sie bedeutende Fragen.

Neu war für mich, dass die Stille bewusst bei Verhören eingesetzt wird. Der Entzug von Geräuschen stellt ein sehr einfaches Mittel dar, einen Menschen zu quälen. Man stellt ihn einfach in einem kleinen schallgeschützten Raum ruhig oder stattet ihn mit Ohrschützern aus. In einem solchen Setting wird die Stille zur Qual, zur Folter. Zum Glück gibt es aber auch die andere Seite. Erfahrungen der inneren und äußeren Stille führen Menschen in einen tiefen inneren Frieden, eine tiefe innere Freiheit. Einige der Menschen, die in der Stille ihre größte Lehrerin fanden, gelten heute als Sterne am spirituellen Himmel. Sie machen Mut. Sie machen deutlich, dass es sich lohnt, sich vom äußeren Lärm der Welt abzuwenden und einzutauchen in die Stille, die immer schon da war, immer da ist und immer da sein wird.

ÜBUNG
Still werden

Wenn wir uns auf die Stille einlassen, kann sie sich anfangs tatsächlich bedrohlich anfühlen. Ich habe in meinen Kursen immer wieder Menschen, die sich schwertun, sich der Stille anzuvertrauen. In Momenten, in denen es still wird, können sich tiefe Verletzungen melden. In Augenblicken, in denen wir zur Ruhe kommen, können Traumata hochkommen, die wir durch zu viel Aktion, zu viel Arbeit, zu viel Ablenkung überdeckt haben. Die Stille wirft uns zurück auf den Schmerz und die Schönheit, die uns umgeben und die in uns verborgen sind. Lassen wir uns auf sie ein, können wir auch erfahren, dass wir vollkommen, heil und unsterblich sind.

Sollten Sie Probleme damit haben, sich auf die Stille einzulassen, so gehen Sie langsam vor. Lernen Sie ihr nach und nach zu vertrauen. Lauschen Sie ihr. Baden Sie in ihr. Wenn wir uns der Stille öffnen, dann begegnet sie uns wie eine Liebende. Wenn wir uns vor ihr verschließen, kann sie zum Feind werden. Wir können viel von ihr lernen. Sie lädt uns ein, uns in den Schoß des Universums fallen zu lassen. Sie lädt uns ein, uns in ihr wiederzufinden, sobald wir bemerken, dass wir uns im Lärm der Welt verlieren. Sie fordert uns auf, mit dem Herzen zu lauschen und das zu hören, was mit dem Verstand nicht gehört werden kann.

Beginnen Sie mit drei Atemzügen in Stille. Machen Sie weiter mit drei Minuten in Stille. Machen Sie einfach so lange weiter, bis Sie erkennen, dass die Stille Ihr wahres Zuhause ist.

Was ist das?

»Und stets bilde ich mir ein, dass mein Leben mir zusieht. Es beobachtet mich und fragt, jeden Tag, ob ich mich seines Geschenks würdig erweise. Oder ob ich wieder einmal faul bin, unbedacht und gleichgültig. Ja, ob ich vergessen habe, dass ich vergehe. Ich hasse diesen Blick. Und ich will ihn nicht missen. Solange er mich belauert, bin ich gewappnet.«

ANDREAS ALTMANN

Vor einigen Jahren verbrachte ich den Winter in Indien, um dort eine Yogagruppe zu leiten und eine Ayurvedakur zu machen. Die Strände in Kerala sind wunderschön, weitläufig und laden mich immer wieder ein, auf langen Spaziergängen ganz im Hier und Jetzt anzukommen. Bei solchen Spaziergängen genieße ich die traumhafte Landschaft, die Weite und die Ruhe. All das berührt mich jedes Mal zutiefst. Eines Morgens in jenem Winter, als ich wieder am Strand entlanglief, wurde ein kleiner Gegenstand an Land gespült und landete direkt vor meinen Füßen.

Ich hob das Fundstück auf und erkannte sofort, dass es ein neuwertiger kleiner Bastkorb war. Ich freute mich sehr über meinen Fund. Er gefiel mir gut, und ich entschied mich, ihn mit nach Hause zu nehmen. Vor meinem geistigen Auge platzierte ich ihn in der Küche und sah ihn dort schon mit frischem Obst gefüllt stehen. Es ist so eine Art Hobby von mir, Gegenstände von meinen Reisen mitzubringen und sie in meiner Wohnung zu platzieren. Ich hatte einen solchen Korb vorher noch nie gesehen und konnte nicht einordnen, warum ein so neuer und schöner Korb im Meer schwamm. Wahrscheinlich hatte ihn jemand verloren.

Stolz trug ich den Korb zum Resort zurück. Dort begegnete ich einer Teilnehmerin aus meiner Gruppe. Sie hatte einen sehr starken inneren Kritiker und sah grundsätzlich in allem primär das Negative und Schlechte. Als ich ihr voller Freude meinen Fund vor die Nase hielt, reagierte sie mit einem erschreckten Gesichtsausdruck und fuhr mich an: »Wie kommst du denn daran?!« »Ich habe ihn auf meinem Spaziergang gefunden«, antwortete ich etwas verunsichert. »Das Meer hat ihn an mich herangetragen.« Dann konnte ich mich wieder fangen und sagte voller Begeisterung: »Ist er nicht schön?« Sie strafte mich weiter mit ihrem entsetzten Blick: »Dir ist schon bewusst, dass dies ein Totenkorb ist, oder? Die Menschen hier in Südindien geben ihre Verstorbenen mit Blumen und Obst ins Meer.«

Ich blieb wie erstarrt stehen, und Angst wich meiner Freude. In meinem Kopf drehte sich etwas, und mein innerer Kritiker rief:« Ist das etwa ein schlechtes Omen? Wahrscheinlich hat der Himmel mir den Korb als eine Art Warnung geschickt.« Ein Unwohlsein breitete sich in mir aus, und meine Knie wurden weich. Kündigte dieser Korb etwa meinen eigenen Tod an? Oder würde ein geliebter Mensch bald sterben? Das Gedankenkarussell in meinem Kopf drehte sich in einer rasenden Geschwindigkeit, und es war mir nicht möglich, eine Stopptaste zu finden.

Ich bedankte mich bei der Frau für den wertvollen Hinweis und ging zu meinem Bungalow. Ich nahm mir vor, den Korb bei meinem nächsten Spaziergang wieder ins Meer zu werfen. Als mir der Resortleiter entgegenkam, fragte ich ihn, was es mit einem solchen Korb auf sich hat. »Die Fischer hier in der Region nutzen solche Körbe«, sagte er. »Meistens nehmen sie sie während der Regenzeit mit aufs Meer hinaus, und wenn sich zu viel Wasser im Boot ansammelt, schütten sie es mit diesem Korb ins Meer zurück.« Ich bedankte mich bei dem Mann und auch bei dem Korb. Er hatte mir als Lehrer gedient, um mir zu zeigen, wie schnell sich ein einfacher Korb in einen Früchtekorb oder einen Totenkorb wandeln kann. Dabei ist ein Korb nur ein Korb.

Ich nahm ihn mit nach Hause und später dann auch in meine Achtsamkeitskurse, um den Teilnehmenden an ihm zu verdeutlichen, wie schnell wir Menschen, Dinge und Situationen durch unsere subjektive Brille betrachten und entsprechend beurteilen. Als ich ihn im Frühling in einen Achtsamkeitskurs mitnahm, stellte ich ihn in die Mitte des Raumes. Ich wollte ein paar Früchte für die Pause hineinlegen. Als eine der Teilnehmerinnen in den Raum kam, rief sie freudestrahlend: »Ach, das ist ja ein schöner Osterkorb!«

Ein paar Jahre später reiste ich nach Bali. Dort verbrachte ich eine Woche in einem wunderschönen Yogaresort. Dieses Hotel liegt direkt neben einem Ritualplatz. Eines Tages fand eine Zeremonie statt, die ich im ersten Augenblick nicht einordnen konnte. Ich schaute fasziniert zu, wie in einem kleinen Korb die Asche eines Verstorbenen ins Wasser gegeben wurde. Als ich genauer hinsah, erkannte ich, dass dieser Korb meinem eigenen ziemlich ähnlich war.

ÜBUNG
Perspektivenwechsel

Wenn Sie das nächste Mal eine Diskussion mit einem Menschen haben und glauben, dass Sie im Recht sind, treten Sie innerlich einen Schritt zurück, und versuchen Sie, sich die Meinung des anderen Menschen wertfrei, offen und wohlwollend anzuhören. Versuchen Sie, dabei achtsam zu bleiben. Denken Sie daran, dass ein Korb nur ein Korb ist und Ihre Meinung nur eine Meinung. Versuchen Sie, bewusst die Perspektive zu wechseln und sie mit den Augen Ihres Gesprächspartners zu betrachten. Das Gleiche gilt für Situationen oder Gegenstände, Techniken oder Lebensweisen. Wenn ein Mensch Ihnen etwas erzählt, das Ihnen fremd, unmöglich, altmodisch, oberflächlich oder abstrus erscheint, versuchen Sie, Ihre eigene Brille abzunehmen und sich einmal wohlwollend und offen in die Situation des anderen hineinzuversetzen.

Freiheit schmecken

*»Wenn ich mein Leben noch einmal leben könnte,
würde ich die gleichen Fehler machen.
Aber ein bisschen früher, damit ich mehr davon habe.«*

MARLENE DIETRICH

Mit sechzehn Jahren war ich ziemlich verliebt in einen jungen Mann, den meine Eltern hingegen gar nicht mochten. Sie versuchten, ihn mir auszureden. Sie wollten nicht, dass ich bei ihm übernachte. Sie wollten auch nicht, dass ich mit ihm verreise. Er und ich beschlossen hingegen, den Sommer in der Türkei zu verbringen, und bezogen in diese Überlegungen meine Eltern nicht mit ein. Am ersten Tag der Sommerferien trampten wir los.

Als wir in Venedig ankamen, trafen wir auf eine Clique aus unserem kleinen Heimatdorf. Was für ein Zufall. Was für eine Fügung. Was für ein Wunder. Die Südamerikaner sagen, dass die Welt so groß ist wie ein Taschentuch. In dem Moment, in dem wir gut eintausend Kilometer entfernt von zu Hause auf diese Bekannten stießen, verstand ich, was mit diesem Satz gemeint ist. Wie es der Zufall wollte, war eine Frau aus dieser Clique eine sehr gute Freundin meiner Schwester. Sie erzählte mir, dass die Stimmung bei uns zu Hause ziemlich düster sei und mein Vater die Polizei auf mich angesetzt hatte. Nicht nur die nationale, sondern, da er über gute und umfassende Kontakte verfügte, hatte er auch gleich Interpol beauftragt, mich zu finden.

Was ich auch nicht wusste: Diese Clique wollte sich nur einen Tag später mit meiner Schwester und weiteren Freunden in Venedig treffen, um gemeinsam weiter nach Griechenland zu reisen. Meine Schwester erzählte mir vom Ärger meiner Eltern und bat mich, sie anzurufen. Mein Vater, einer meiner größten Lehrer, glaubte nämlich, dass wir Schwestern diese Aktion gemeinsam geplant hatten, was allerdings nicht der Fall war. Er drohte, ihr das Studiengeld zu streichen, wenn ich nicht umgehend nach Hause kommen würde.

Um für mich eine Entscheidung zu fällen, ging ich allein durch die schmalen Gassen der Lagunenstadt. Irgendwann blieb ich stehen und lauschte einfach. Die Sonne schien mir ins Gesicht. In der Ferne hörte ich das Klappern von Geschirr, italienische Stimmen, und irgendwo sang Pavarotti aus einem Lautsprecher. In diesem Moment küsste mich ein Gefühl von einer so tiefen inneren Freiheit, wie ich sie zuvor gespürt hatte. Diese Freiheit berührte mich so sehr, dass ich weinen musste. Ich realisierte, dass es etwas in mir gibt, das frei ist, unabhängig von den äußeren Umständen. Ich nahm mein innerstes Wesen wahr: unendliche Freiheit. Unendliche Weite. Unsterbliches Sein. Ich erfuhr einen Teil in mir, der immer frei war, ist und sein wird.

Da ich meine Schwester nicht in Schwierigkeiten bringen wollte, reiste ich noch am gleichen Tag zurück. An der Grenze wurde ich von Interpol aus dem Zug geholt. Drei Polizisten begleiteten mich im Zug nach München und übergaben mich meiner ältesten Schwester. Während ich neben diesen Männern im Zug saß, hielt dieses Gefühl der unendlichen Freiheit an. Auch in dem Moment, als ich nach Hause kam und mein Vater mir zur Begrüßung eine schallende Ohrfeige verabreichte. Und auch in vielen anderen Situationen, in denen äußere Umstände mich einengten, verband ich mich mit meiner inneren Freiheit. Was für ein Segen. Was für ein Geschenk diese kurze Reise doch im Nachhinein war.

Frei sein,
wo immer wir sind

Vor einigen Jahren fiel mir ein Buch von Thich Nhat Hanh in die Hände: *Frei sein, wo immer du bist.* Darin beschreibt er seine Arbeit mit Gefängnisinsassen. Er erzählt, wie diese Menschen durch die Meditation innere Freiheit erfahren, und zeigt auf, dass jeder Mensch, egal wie eingeengt, wie verzweifelt, wie frustriert er sich fühlt und egal wie aussichtslos eine Situation ist, diese innere Freiheit erleben kann. Innere Freiheit ist jederzeit möglich. Auch Cuong Lu, ein Schüler von Thich Nhat Hanh, beschreibt in seinem Buch *Buddha hinter Gittern,* wie auch Schwerverbrecher, Mörder und Diebe hinter vielen, vielen Türen und Mauern mit ihrer inneren Freiheit in Kontakt kommen können. Wer diese Erfahrung macht, weiß, dass man uns unsere äußere Freiheit nehmen kann, aber niemals die innere. Was für eine Erkenntnis. Was für ein Geschenk. Was für ein Mysterium, dieses Leben.

Der Baum, mein Lehrer

»Erfahrung ist nicht das, was einem zustößt. Erfahrung ist das, was man aus dem macht, was einem zustößt.«

ALDOUS HUXLEY

Vor einigen Jahren leitete ich in Sardinien einen Meditationskurs. Das Hotel war wunderschön und der Strand in seiner Nähe malerisch. Die Teilnehmenden waren entspannt, und wir hatten viel Freude miteinander. Am Beginn einer jeden Stunde zitierte ich einen bestimmten Aspekt der Yogaphilosophie. An einem Morgen las ich einen Text darüber vor, wie unser Geist funktioniert und wie gern er an Dingen, Umständen und Sehnsüchten hängen bleibt. Das Leben, mein Meister, prüfte mich an diesem Tag, ob ich das, was ich lehrte, auch selbst verstanden hätte und umsetzen würde. So ist es häufig. Es neckt mich. Es prüft mich. Es rüttelt mich wach.

Ich ging nach dem Unterricht an einen malerischen Strand in einer kleinen Bucht. Zu Fuß brauchte ich eine halbe Stunde, um dort zu sein. Es gab nur einen einzigen Baum, der etwas zurückversetzt lag. Er bildete einen idealen Rückzugsort, bot Schatten und einen Überblick über den Strand. In den ersten Tagen meines Besuches lag immer ein Pärchen unter dem Baum. Sie kamen um zehn Uhr und blieben den ganzen Tag dort liegen. Es hatte mich immer wieder geärgert, dass sie diesen Platz für sich beanspruchten, anstatt ihn zu teilen. Aber an diesem Tag war weit und breit niemand zu sehen. Anscheinend war das Paar abgereist. Ich legte mich sofort unter den Baum und machte es mir dort so richtig gemütlich. Ich genoss diesen Platz.

Allerdings hatte ich gar nicht eingeplant, den ganzen Tag dort zu bleiben, und so bekam ich bereits nach einer Stunde Hunger. An den anderen Tagen war ich mittags immer in eine Taverne gegangen. Aber was, wenn ich das jetzt auch tun würde? Wäre dieses schattige Plätzchen nach meiner Rückkehr immer noch frei? Hätten es meine Kursteilnehmer oder andere Feriengäste dann möglicherweise entdeckt? Ich spürte, wie mein Geist den Baum innerlich umklammerte. Umklammern ist dabei schon fast milde ausgedrückt. In mir entfaltete sich das Gefühl von »meinem« Baum, unter dem ich den Rest des Tages verbringen wollte. ICH. Und zwar nur ICH.

Sollte ich aber deshalb auf das Mittagessen verzichten?

Es gibt Dinge, die mag ich nicht. Dazu gehört die Eigenschaft vieler Deutscher, die Liege in einer Saunalandschaft mit einem Handtuch zu blockieren. Ich finde ein solches Verhalten egoistisch und ärgere mich darüber, besonders wenn nur wenig Plätze zur Verfügung stehen. Oft schon hat sich mein innerer Kritiker auf Reisen fremdgeschämt, wenn Menschen einen Platz belagerten oder eine Liege den ganzen Tag mit einem Handtuch versahen. Selbst dann, wenn sie kaum darauf lagen. Und jetzt?! Jetzt überlegte ich mir, den Platz unter dem Baum einfach mit einem Handtuch zu blockieren, während ich in der Taverne etwas essen würde. Wie armselig. Wie traurig. Wie »deutsch«. Ich sah mir selbst dabei zu, wie mein Geist sich immer fester an den Baum krallte. Ich beobachtete ihn und sah, dass er nicht im Leisesten den Anschein machte, darauf zu verzichten, den Rest des Tages im Schatten zu bleiben. Er wollte nicht loslassen. Doch zugleich hatte ich Hunger. Dieses Hin und Her dauerte eine gute Stunde. Mein Hunger wurde immer größer, und dann tat ich etwas, was ich nie für möglich gehalten hatte: Ich breitete mein Handtuch unter dem Baum aus und stellte meinen Sonnenschirm davor, wodurch man nicht sehen konnte, ob jemand unter dem Baum lag oder nicht. Dann ging ich zur Taverne.

Während ich zu Mittag aß, war ich – wie sollte es anders sein – die ganze Zeit mit meinen Gedanken bei dem Baum. Ich schämte mich über mein eigenes Verhalten, realisierte aber zumindest sehr deutlich, in wie vielen Facetten sich das Anhaften, die Gier präsentieren kann. Als ich zu dem Baum zurückkam, war mein Handtuch besetzt. Ein Hund lag darauf und machte keine Anstalten aufzustehen. Er schleckte sich das Maul, denn gerade hatte er das Stück Kuchen verputzt, das ich mir vom Frühstücksbuffet des Hotels als Nachtisch mitgenommen hatte. Vor lauter Sorge um meinen Schattenplatz hatte ich den Kuchen vollkommen vergessen und neben meinem Handtuch auf der Tasche liegen lassen. Als ich am nächsten Tag an den Strand kam, war der Platz unterm Baum wieder besetzt. Er hatte seinen Dienst an mir getan.

ÜBUNG
Loslassen

An welchen Ritualen halten Sie fest? Was gibt es in Ihrem Leben, auf das Sie nicht verzichten wollen? Wie wär's, wenn Sie eine Liste mit einhundert Gegenständen machen, die eine wichtige Rolle in Ihrem Leben spielen? Wie wär's, wenn Sie dann in regelmäßigen Abständen etwas davon loslassen, es verschenken oder weggeben? Nehmen Sie wahr, was die Vorstellung in Ihnen auslöst.

Sollte es Ihnen schwerfallen, sich von einhundert Gegenständen zu lösen, die Ihnen wichtig sind, dann beginnen Sie damit, sich von Sachen zu trennen, die Ihnen nicht viel bedeuten. Angeschlagenes Geschirr, alte Kleidung oder Ähnliches. Lassen Sie jeden Tag drei Dinge los, und beobachten Sie, ob Sie sich auf Dauer nicht etwas freier fühlen.

Der Spargelbauer

*»Wenn du drohst zusammenzubrechen,
mögest du stattdessen aufbrechen.
Möge jede Erfahrung im Leben eine Tür sein,
die dein Herz öffnet, deine Einsicht erweitert
und dich in die Freiheit führt.«*

ELISABETH LESSER

Jan war ein junger Holländer, der in Nimwegen lebte. Nimwegen ist gute fünfundvierzig Kilometer von meinem Heimatort entfernt. Wir lernten uns in einer Kneipe kennen und freundeten uns an. Jan war damals frisch verliebt und mit seinen dreiundzwanzig Jahren wusste er bereits genau, was er wollte: Er studierte, hatte eine Freundin und wollte sie mit fünfundzwanzig Jahren heiraten. Gemeinsam wollten sie den Bauernhof der Eltern übernehmen und so wie diese Spargel züchten. Mit sechsundzwanzig wollte er das erste Mal Vater werden, und mit spätestens achtundzwanzig Jahren wollten er und seine Frau das zweite Kind haben. Ich war sehr beeindruckt, dass jemand so genau wusste, was er wollte. Aber das Leben schien bei den beiden tatsächlich nach Plan zu laufen. Sie waren sehr glücklich. Sie heirateten und übernahmen den großen Bauernhof seiner Eltern. Er wollte mit seinem Geschäft expandieren und es dem Vater gleichtun, der zu den besten und erfolgreichsten Spargelhändlern Hollands zählte.

Ein Jahr später wurde Jan Zeuge eines Selbstmordes. Er sah, dass sich ein Mann in einem Baum erhängt hatte. Jan wurde sehr gut betreut, und der Zwischenfall hinterließ keine traumatische Erinnerung bei ihm. Er betonte weiter, wie sehr er sich vom Leben getragen fühlte und wie glücklich er war. Seine Frau Irene bekam einen Sohn, und die kleine Familie war sehr glücklich. Jan arbeitete viel und wurde genauso erfolgreich wie sein Vater. Nachdem sein eigener Sohn zwei Jahre alt war, wurde Jan Zeuge eines tödlichen Autounfalls. Er sah, wie ein Mann gegen einen Baum fuhr und sein Junge hinten vom Rücksitz aus dem Auto geschleudert wurde. Dieses Erlebnis verkraftete er nicht so gut. Er brauchte lange, bis er die Erfahrung verarbeitet hatte. Als es ihm wieder besser ging, hörte er auf, den Erfolg an die erste Stelle zu setzen. Er kümmerte sich mehr um seine Kinder und seine Frau. Jetzt wurde er zu dem guten Vater, den er selbst nie gehabt hatte. Auch wenn die tragischen Erfahrungen noch so schmerzhaft waren, so hatten sie ihn auf einer tieferen Ebene mit dem Leben in Kontakt gebracht.

ÜBUNG
Was habe ich gelernt?

Lassen Sie Ihr Leben Revue passieren, und erinnern Sie sich an eine Situation, in der Sie einen Verlust erlitten oder etwas erlebt haben, was Sie zutiefst verletzt oder Ihr Leben aus der Bahn geworfen hat. Was genau haben Sie rückblickend aus dieser Situation gelernt? Wofür sind Sie heute im Hinblick auf diese Situation besonders dankbar? Haben Sie Frieden geschlossen mit den Menschen, die an dieser Situation beteiligt waren? Ist da noch etwas, was Sie sich selbst oder anderen Menschen vergeben möchten?

Eine außergewöhnliche Begegnung

»Lass dich vom Glück finden.«

EVELINE HELMINK

Das kleine Retreat-Zentrum in Thailand, in das ich mich für fünf Wochen zurückzog, lag im Norden des Landes. Auf dem hinteren Teil des Geländes gab es einen kleinen Wald und darin einen kleinen Tempel. Er zog mich bereits am ersten Tag magisch an. Aber nicht nur das: Noch bevor ich den Tempel das erste Mal gesehen hatte, hatten mich die feinstofflichen Wesen, die an diesem Ort leben, eingeladen, dorthin zu kommen. Ich weiß, das mag befremdlich klingen, aber ich saß in der Meditationshalle am anderen Ende des Zentrums, als eine Stimme zu mir sprach und meinte, ich solle doch zu dem Tempel kommen. Ich kam dieser Einladung nach, und tatsächlich fühlte ich mich dort vom ersten Augenblick an besonders wohl. In den kommenden Wochen verbrachte ich viel Zeit dort und meditierte auch sehr gern hier. Jeden Tag ging ich dorthin, um Achtsamkeit zu praktizieren. Jeden Tag saß ich dort, um meinen Atem zu beobachten. Jeden Tag sah ich dort meinen eigenen Gedanken zu, wie sie kamen und gingen. Jeden Tag kehrte ich dorthin zurück, um meinem Herzen ein Stück näherzukommen.

In Thailand wird es sehr schnell dunkel, und da dieser kleine Tempel in dem Wäldchen lag, merkte ich, dass ich mich nach Sonnenuntergang doch sehr unsicher und ängstlich fühlte, wenn ich allein an diesem dunklen Ort meditierte. Es gab so viele Geräusche, die mir fremd waren. Es gab so viele Tiere, die hier unterwegs waren. Und es gab viele Bäume, die zu dieser Jahreszeit ihre schweren, trockenen Blätter verloren.

Doch etwas hielt mich auch abends an diesem Platz: die feinstofflichen Wesen. Nicht nur ich hatte sie gespürt. Es war vielmehr bekannt, dass es sie an diesem Ort gibt. Aber woran erkennt man feinstoffliche Wesenheiten? Haben sie einen Körper? Sind es Energiewesen? Lichtwesen? Ich wusste es nicht und war dementsprechend neugierig und aufgeregt zugleich.

Mir war bewusst, dass sich solche Wesen wahrscheinlich eher nachts zeigen. Deshalb wollte ich auch dort bleiben, nachdem die Sonne untergegangen war. Aber es war so dunkel. So unheimlich. So ruhig. So beseelt. So anders als meine gewohnte Umgebung. In der ersten Nacht, in der ich mich traute, dort zu meditieren, war Neumond, und ich konnte nichts erkennen. Ich saß in diesem kleinen Tempel und versuchte zu meditieren, versuchte mich für die Energie des Ortes zu öffnen und mit den Wesenheiten Kontakt aufzunehmen. Ich konzentrierte mich auf meine Atmung und nahm Atemzug für Atemzug ganz bewusst wahr. Gleichzeitig streckte ich meine Antennen aus, um alles um mich herum zu erfassen.

Eine meiner Lieblingsbeschäftigungen ist das Staunen, das Mich-selbst-Erforschen, das Wahrnehmen der Dinge, die wir nur mit dem Herzen sehen können. Und das lernte ich hier an diesem Ort auf ganz neue Weise. Ab und zu hörte ich, wie ein trockenes Blatt von einem Baum auf den Boden fiel. Dann hörte ich einen Vogel. Dann eine Fledermaus. Ansonsten war es ruhig.

Durch das Schweigen im Retreat hatten sich bereits nach wenigen Tagen meine Sinne geöffnet. Es war beeindruckend, wie offen ich war – allein dadurch, dass ich nicht von Smartphone-Impulsen abgelenkt wurde und keine Gespräche meine Aufmerksamkeit absorbierten. Meine Sinne waren so offen, dass ich irgendwann realisierte, dass sich hinter mir etwas bewegte. Dann war es plötzlich neben meinem Kopf und dann wiederum zu meiner Linken. Mein Herz klopfte, und ich war sehr aufgeregt. Obwohl ich darauf hingefiebert hatte, einer Wesenheit zu begegnen, hatte ich gleichzeitig Angst davor.

Ich konnte nicht einordnen, was ich mit geschlossenen Augen wahrnahm, und deshalb versuchte ich, mich wieder auf meine Atmung zu konzentrieren. Ich nahm den Beginn meiner Einatmung wahr, die Mitte und das Ende. Und dann konzentrierte ich mich auf meine Ausatmung und nahm hier Beginn, Mitte und Ende wahr. Dies gelang mir ganze vier Atemzüge. Dann bemerkte ich plötzlich rechts von mir, dass sich etwas bewegte. Dann links.

Dann wurden die Geräusche immer lauter, und ich hielt meine Neugierde nicht mehr aus. Ich öffnete meine Augen, nahm vorsichtig die Taschenlampe, die zu meiner Linken lag, und mit einem Satz sprang ich auf und ließ den Strahl der Taschenlampe über den Tempelboden wandern. Das Geräusch änderte sich, und ich konnte es schließlich nicht mehr ausmachen. Jetzt war ich aber so verängstigt, dass ich zu meinem Bungalow zurückgehen wollte. Ich legte meine Taschenlampe ab, um mir die Schuhe anzuziehen. Plötzlich gab es einen Knall, und als ich mich erschreckt umschaute, erblickte ich eine kleine Maus, die sich auf ihre Hinterpfoten aufgestellt hatte und mir direkt in die Augen schaute. Ich weiß nicht, wer von uns beiden in dem Moment mehr Angst vor seinem Gegenüber hatte. Sie oder ich? Ich konnte unsere Herzen schlagen hören und dass uns beide etwas verband: die Angst vor dem Unbekannten. Gleichzeitig realisierte ich, dass sie es gewesen war, die ich wahrgenommen hatte. Ja, auch sie war eine Wesenheit. Eine wunderschöne, kleine Wesenheit! In meiner Vorstellung war sie zu einer riesigen feinstofflichen Wesenheit geworden. Dabei war sie nur eine kleine Maus.

In den kommenden Wochen verbrachte ich noch viele Stunden an diesem Tempel. Manchmal hörte ich Geräusche und war mir sicher, dass die kleine Maus wieder unterwegs war. Aber ich ließ mich nicht mehr von ihr stören, sondern meditierte in Ruhe weiter.

Die blaue Teetasse

Sagen Sie diese Worte: ›mein Leben‹,
und halten Sie Ihre Tränen zurück.

LOUIS ARAGON

Durch meinen japanischen Lebensgefährten Masahiro lernte ich vieles aus Japan kennen und lieben. Besonders das japanische Essen liebe ich, aber auch das Zen und das Teetrinken. Tee und die Zubereitung von Tee spielen im japanischen Zen eine wichtige Rolle. Sie werden als ein Ritual der Lebenskunst betrachtet und auch als Meditationspraxis angesehen. Weil mir das Teetrinken so wichtig ist, möchte ich an dieser Stelle einen kleinen Exkurs nach Japan unternehmen und die Tee-Meditationskultur ein wenig vorstellen.

Das Ritual des Teetrinkens ist bereits fünftausend Jahre alt und hat seinen Ursprung in China. Die Mythen über die Entstehung des Teekultes sind sehr unterschiedlich. Eine Erzählung gefällt mir persönlich besonders gut. Sie sagt, dass der chinesische Kaiser Chen Nung bereits im Jahre 2737 vor unserer Zeitrechnung unter einem Baum gesessen und dort Wasser erhitzt hat. Es war ein wenig windig, und so kam es, dass ein Windhauch ein paar Blätter direkt in die kochende Flüssigkeit wehte. Der König nahm einen ersten vorsichtigen Schluck von dem duftenden, bernsteinfarbenen Getränk und war vollkommen begeistert von seinem Geschmack. Von dem Tag an zeigte er seinem Volk, wie man aus den Blättern des Teestrauchs (*Camellia sinensis*) Tee zubereiten kann.

Die Inder hingegen sind der Meinung, dass der Tee seinen Ursprung in Bengalen hat. Sie glauben, dass Bodhidarma, der Mann, der den Buddhismus nach China brachte, ganze neun Jahre lang vor einer Felswand meditierte. Irgendwann schlief er vor lauter Müdigkeit ein. Als er wieder zu sich kam, war er so verärgert über seine menschliche Schwäche, dass er sich vor lauter Zorn beide Augenlider abschnitt und sie auf den Boden warf. Es heißt, dass aus jedem Augenlid ein Teestrauch erwuchs. Bodhidharma probierte von dem Strauch, seine Müdigkeit verschwand, und er fühlte sich sehr erfrischt.

Ein kleines Blatt mit großer Bedeutung

Sicher belegt ist, dass sich die Teekultur lange auf China beschränkte. Dort kannte man viele Jahrhunderte nur wild wachsenden Tee, der primär als Heilmittel verwendet wurde. Zum Genussmittel wurde Tee erst in Zeiten von Laotse, etwa 400 vor unserer Zeitrechnung. Man bot seinen Gästen Tee an, und von dieser Zeit an wurde seine Wirkung mystifiziert. Kaiser und Dichter schrieben Abhandlungen und Gedichte über den Tee, lobten seine befreiende Wirkung für Körper und Geist und bezeichneten ihn als ein Mittel, das zur Glückseligkeit führen könne. Buddhistische Mönche sahen sowohl in China als auch in Japan im Tee und im Teetrinken etwas ganz Besonderes. Für sie war er ein Energiespender, der sie darin unterstützte, bei langen Meditationen wach zu bleiben. Er half ihnen auf dem Weg zur Erleuchtung.

Es heißt, dass zwei japanische Mönchen die ersten Teesamen im Jahre 810 von China nach Japan geschmuggelt haben. In Japan entwickelte man im 15. Jahrhundert eine bis ins Detail festgelegte Zeremonie. Der Glaube, dass durch diese Teezeremonie Cha-No-You Zustände wie Reinheit, Ehrfurcht und Stille erreicht werden können, hat sich bis zum heutigen Tag erhalten. Eine Tempelinschrift in Kyoto bringt deutlich zum Ausdruck, was damit gemeint ist: »Tee und Zen gehören zusammen. Eine Teestunde ohne Zen ist wie ein Tag ohne Sonne. In Tee und Zen vereint sich das Lebensgesetz. Ruhe wird zur Stille ohne Langeweile, Weisheit zur Größe ohne Dünkel. Tee und Zen sind die Feinde von Schwäche und Schlaf.« Dieser Vers bringt zum Ausdruck, warum Teezeremonien eine so starke Faszination auch auf Menschen anderer Kontinente ausüben. Dieses minutiös festgelegte Ritual ist für die Praktizierenden eine geistige Übung auf dem Weg zur Erleuchtung, die das Erfahren von Harmonie und Reinheit, das Erleben von Achtsamkeit und Stille einschließt.

Teeschulen vermitteln den Ablauf der Zeremonie, da jedes Detail festgelegt ist und entsprechend durchgeführt werden soll. Ausgebildete Teemeister zelebrieren die Kunst der Teezeremonie und damit einhergehend die geistige Lehre des Teetrinkens. Selbst der Raum, der *sukiya*, die Stätte des Leerseins, in dem eine solche Zeremonie stattfindet, ist in seiner Gestaltung bis ins Detail festgelegt. Alle Bewegungen des Teemeisters und der Teilnehmenden richten sich nach genauen rituellen Vorgaben. Die einfache Zeremonie des »dünnen« Tees dauert eine bis anderthalb Stunden. Das große Teemahl, *koichao*, »dicker« Tee, bei dem auch Speisen gereicht werden, kann bis zu vier Stunden dauern. Bei der Teezeremonie wird nur pulverisierter grüner Tee verwendet.

In Japan genoss der Tee aber auch außerhalb der Klöster eine so große Verehrung, dass man im 17. Jahrhundert für den Teetransport aus dem Spitzenanbaugebiet Ujii nach Tokio sogar eine Art Prozession abhielt. Diener reinigten den Weg, bevor der Tee auf die Reise zum Hof ging. Dort erhielt er eine eigens gezimmerte Urne, vor der die Menschen niederknieten. Vom Philosophen Popchong Sumin sind folgende weise Worte über die Symbolik des Tees überliefert: »Tee gilt als ein Weg, weil er zu den Dingen gehört, die man über das Gefühl und nicht durch verbale Anweisungen zu würdigen lernt. Nur wer einen Zustand von Gelassenheit bewahren kann, wird auch fähig sein, die dem Tee innewohnende Ruhe zu würdigen. Ein aufgeregter Mensch wird niemals die Stille des Tees erkennen. Aus diesem Grunde heißt es: Tee und Meditation haben einen Geschmack.«

Ich persönlich lernte den Tee ebenfalls in Japan lieben. Ich studierte dort ein Gastsemester lang an einer Uni in Tokio und lebte während dieser Zeit in einem Tempel bei einer japanischen Familie, deren Familienoberhaupt buddhistischer Mönch war. Dort lernte ich auch Teezeremonien kennen. In Japan entstand außerdem mein Faible für Teetassen. Seit dieser Zeit liebe und sammle ich Teetassen. Blaue. Rote. Grüne. Kleine. Große. Bunte. Elegante. Schlichte. Und natürlich ausgefallene. Jede Tasse hat ihren ganz eigenen Charakter, und in jeder Tasse schmeckt der gleiche Tee doch unterschiedlich.

Einmal kaufte ich auf einem Töpfermarkt eine wunderschöne Teeschale, die sich durch einen besonderen Blauton auszeichnete. Sie war durchzogen von goldenen Schlieren und erinnerte mich durch ihre Maserung ein wenig an Kintsugi. Hierbei handelt es sich um eine uralte japanische Methode, mit der zerbrochene Keramik repariert wird. Das Besondere daran ist, dass der offensichtliche Makel der zerbrochenen Tasse nicht verborgen werden soll, sondern ganz im Gegenteil: Durch die Verwendung von Gold- oder Silberpigmenten wird die einst gebrochene Stelle im Lack in den Vordergrund gestellt. Dadurch wird eine vollkommen neue Schönheit und Wertigkeit des Objekts hergestellt. Man sagt, dass es sich mit unseren Verletzungen ähnlich verhält. Durch sie werden wir zu etwas ganz Besonderem. Sie sind unsere Meister, und durch sie wachsen wir. Ich jedenfalls hatte große Freude an dieser blauen Tasse und machte jeden Tag eine kleine Achtsamkeitsmeditation, indem ich meinen Tee ganz achtsam Schluck für Schluck aus diesem wunderschönen Kunstwerk genoss.

Acht Tage nachdem ich diese Tasse gekauft hatte, kam meine Freundin Rumirah zu Besuch. Eigentlich wollte sie mich nach einer Routineuntersuchung bei ihrer Frauenärztin nur auf eine Tasse Tee besuchen kommen. Allerdings verlief die Untersuchung nicht gut, denn die Ärztin entdeckte einen Tumor in ihrer linken Brust. Somit war ihr Besuch bei mir überschattet von Unsicherheit und Angst. In dem Moment, in dem ich ihr Tee in meine neue Tasse einschenkte, strahlte sie übers ganze Gesicht und meinte nur: »Mein Gott, ist diese Tasse wunderschön!« Zufälligerweise glich das Blau der Tasse auch dem Pullover, den sie an diesem Tag trug. Rumirah freute sich in diesem Moment so sehr, dass ich nicht umhinkam, ihr die Tasse zu schenken. Ich hatte das Gefühl, dass sie gerade besser zu ihr passte als zu mir. Sie schaute mich so offen und so glücklich an, dass es sich allein wegen dieses Augenblicks gelohnt hat, ihr die Tasse zu schenken.

In den kommenden zwei Jahren besuchte sie mich häufig, da die Praxis ihrer Frauenärztin in der Nähe meiner Wohnung lag. Jedes Mal tranken wir gemeinsam Tee und tauschten uns über das Leben, den Tod und das, was danach möglicherweise kommen könnte, aus. Darüber hinaus hatte sie mich gebeten, sie auf dem letzten Abschnitt ihres Lebens zu begleiten, und so vertiefte sich unsere Beziehung noch mehr. Jedes Mal, wenn ich schließlich sie besuchte und wir gemeinsam Tee tranken, trank sie ihn aus »meiner« Tasse. Es war offensichtlich, wie sehr Rumirah sie liebte.

Es kam der Tag, an dem Rumirah ihre Wohnung auflösen musste, um sich im Hospiz auf ihren nahenden Tod vorzubereiten. Kurz nachdem sie den Termin für ihren Einzug dort erhalten hatte, sagte sie mir bei einem Besuch: »Wenn du möchtest, dann geh jetzt durch meine Wohnung, und suche dir Sachen aus, die du gern haben willst.« Ich antwortete unmittelbar: »Ich hätte gern meine Teetasse zurück. Jetzt hat sie noch einmal eine tiefere Bedeutung für mich.« Rumirah schaute mir direkt in die Augen und meinte: »Die Tasse ist eines der wenigen Dinge, die ich mit ins Hospiz nehmen möchte. Jedes Mal, wenn ich daraus trinke, fühle ich mich wie eine Königin. Aber«, fuhr sie fort, »du kannst sie ja haben, nachdem ich gegangen bin.«

Ich begleitete sie auch weiterhin im Hospiz. Zwei Tage vor ihrem Tod verabschiedete ich mich von ihr. Neben mir waren noch weitere Freunde bei ihr und ihre Familie. Ich hatte das Gefühl, dass zu viele Menschen um sie herum die Seele daran hindern würden, den Körper zu verlassen. Ich hatte außerdem geschäftlich zu tun und war die nächsten zwei Wochen nicht in München. Als ich zurückkam, war das Zimmer im Hospiz ausgeräumt, und Rumirahs letzte Habseligkeiten hatte jemand unter ihren Freunden in alle vier Himmelsrichtungen verteilt. Von der Tasse keine Spur mehr.

Ein Jahr später traf ich zufällig eine Freundin, die Rumirah bis zu ihrem letzten Atemzug begleitet hatte. Wir wohnten beide im gleichen Stadtviertel, und so lud sie mich ein, sie nach Hause zu begleiten, um mir dort bei einer Tasse Tee in Ruhe von den letzten Stunden mit Rumirah zu erzählen. Als wir in ihre Küche gingen, strahlte ich, denn was dort stand, war meine blaue Teetasse.

Die Wege des Lebens sind unergründlich. Aber es war mir wohl bestimmt, meine Teetasse wiederzubekommen. Denn danach traf ich diese Frau nie wieder zufällig auf der Straße, weil sie kurz nach unserer Begegnung in eine andere Stadt zog.

ÜBUNG
Teezeremonie

Nehmen Sie sich täglich Zeit, um in Ruhe eine Tasse Tee zu trinken. Versuchen Sie, währenddessen nichts anderes zu tun. Vielleicht wollen Sie sich hierfür eine besonders schöne Tasse zulegen, die Sie nur hierfür verwenden.

Der edle Tee

Ich habe einen Freund, der viel Geld verdient. Korrekter würde es lauten: Ich habe einen Freund, der sehr, sehr, sehr viel Geld verdient. Das weiß ich deshalb, weil er mir gern erzählt, wie viel Geld er verdient. Er erzählt mir auch gern, was er sich alles Gutes von diesem Geld kauft. Als ich vor einiger Zeit bei ihm und seinem Lebensgefährten zu Besuch war, bot er mir eine Tasse Tee an. Nachdem ich den Tee gekostet hatte, ging er in die Küche, kam mit dem Päckchen in der Hand zurück und meinte: »Das war der teuerste Tee in dem Laden. Schmeckt der nicht köstlich!« Ja, er schmeckte wirklich gut. Aber ehrlich gesagt schmeckt mir mein Lieblingstee für 4,95 Euro besser. Aber das habe ich ihm nicht gesagt.

Gern probiere ich immer wieder neue Teesorten aus. Auch solche, die etwas teurer sind. Aber irgendwie lande ich immer wieder bei meinem Lieblingstee, einem grünen Earl Grey.

Letzte Woche kamen mein Freund und sein Lebensgefährte zum Essen zu mir. Ich schenkte ihm eine Tasse Grüntee ein und fragte ihn, ob er ihm schmecken würde. »Ja«, antwortete

er höflich. Nachdem er die halbe Tasse getrunken hatte, meinte ich beiläufig und nicht ganz ehrlich: »Ich habe diesen Tee geschenkt bekommen. Und, na ja, auch wenn man so was eigentlich nicht tut, habe ich nachgeschaut: Der Tee kostet fünfunddreißig Euro. Ich finde, das schmeckt man, oder?« Daraufhin nahm mein Freund einen weiteren Schluck, dieses Mal sehr bewusst und sehr achtsam. »Ja!«, sagte er. »Das schmeckt man wirklich!« Den Rest der Tasse trank er sehr, sehr andächtig. Tatsächlich hatte der Tee aber nur sieben Euro gekostet. Bei seinem nächsten Besuch schenkte ich ihm einen teureren Tee ein, der zwar keine fünfunddreißig Euro gekostet hatte, aber wesentlich teurer war als der, den ich ihm beim letzten Mal eingeschenkt hatte. »Dieser Tee ist nicht ganz so teuer gewesen wie der Sencha, den du beim letzten Mal bei mir getrunken hast. Ich finde, das schmeckt man auch, oder?« Mein Freund nahm einen Schluck und meinte dann: »Ja. Der ist ganz gut, aber längst nicht so erlesen wie der vom letzten Mal.«

ÜBUNG
Was ist wertvoll und was nicht?

Eine einfache Tasse Tee kann unser Meister werden und uns zeigen, dass wir abhängig von äußeren Werteskalen sind. Deshalb ist es immer wieder wichtig, sich zu fragen: Wovon sind meine Wertvorstellungen abhängig? Muss es wirklich immer der teuerste Tee, das neuste iPhone, der erlesenste Wein sein? Wie wäre es, wenn du dich frei machen würdest von den Kausalitäten »teuer und gut« sowie »preiswert und schlecht«. Wenn wir uns freier machen von äußeren Wertmaßstäben, werden wir glücklicher. Versprochen.

Das Haar eines Panthers

Die folgende Geschichte erzählt von Mary, einer Amerikanerin, die glücklich mit ihrem Mann verheiratet war. Dieser musste mit Anfang dreißig in den Vietnamkrieg ziehen. Neil ging als ihr geliebter, humorvoller, kreativer Mann in den Krieg und kam als verletztes, erschüttertes Wesen zurück. Während er vor dem Krieg die Ruhe selbst war, war er nach seiner Rückkehr häufig impulsiv und unberechenbar. Oft wirkte Neil abwesend, und Mary hatte das Gefühl, dass seine Seele den Weg nicht zurück nach Hause gefunden hatte. Sie war so traurig, dass sie nach Peru reiste, um sich dort bei einem Schamanen Rat zu holen. Sie wanderte zwei Tage, bis sie sein Dorf fand, das mitten im Urwald lag.

Der Schamane saß am Feuer und lud sie ein, Platz zu nehmen. Sie erzählte ihm ihr Leid, und er schaute ihr tief in die Augen. »Hmmm«, sagte er, »dieses Phänomen ist mir vertraut. Aber es ist sehr, sehr schwer zu heilen.« Mary antwortete umgehend: »Ich werde alles tun, was in meiner Macht steht, um meinem Mann zu helfen, wieder gesund zu werden.« Der Schamane sagte: »Es gibt ein Rezept, aber es ist sehr, sehr schwierig, die drei Zutaten, die du dafür brauchst, zu beschaffen.« Auch hier ließ die Antwort von Mary nicht lange auf sich warten. »Was soll ich tun?«, fragte sie. »Ich werde alles mir Mögliche tun, und ich weiß, dass ich die Zutaten besorgen kann.«

Der Schamane schaute Mary an, senkte die Stimme und sagte: »Eine Stunde von hier im Urwald lebt ein Panther. Wenn du eines seiner Barthaare holst, dann hast du die erste der drei Zutaten.« Er hatte damit gerechnet, dass Mary aufschrecken würde, aber stattdessen sagte sie: »Okay. Das ist gut. Kann ich eine Zeit lang hier wohnen, bis ich das Haar bekommen habe?« Der Schamane, der gerade an seinem Tee nippte, verschluckte sich und lud sie ein, im Dorf zu bleiben.

Bereits am nächsten Tag machte sich die Frau auf und ging mit einem Napf mit Fleisch und Bohnen zur Höhle des Panthers. Auf dem Weg dorthin pfiff sie ein Lied, das der Schamane ihr am Abend zuvor beigebracht hatte. Als sie an der Höhle angekommen war, stellte sie die Schüssel vor den Eingang und ging wieder. Am nächsten Tag, als sie mit einem neuen Napf zur Höhle ging, fand sie die Schüssel vom Vortag wieder: Sie war blitzblank sauber ausgeleckt. So ging es ganze zwölf Wochen. Als sie dann wieder einmal auf die Höhle zulief, saß dort der Panther vor dem Eingang und schleckte schon sein Maul. Ihr Herz klopfte so laut, dass sie fürchtete, dass er es hören und ihre Angst zum Anlass nehmen würde, sie aufzufressen. Aber ihr Mut war größer, und so ging sie zum Panther und stellte ihm den vollen Napf vor die Pfoten. Auch dieses Spiel wiederholte sich, und bereits nach weiteren sechs Wochen freute Mary sich darauf, den Panther zu sehen. Dieser kam ihr mittlerweile sogar entgegen und schlich schnurrend um sie herum. Nach einem halben Jahr ging Mary zum Panther und sagte: »Bitte schenk mir eines deiner Schnurrhaare.« Der Panther hielt ihr den Kopf hin, und sie zog eines seiner Schnurhaare heraus, verabschiedete sich und ging zurück zum Dorf des Schamanen. Stolz hielt sie ihm das Haar hin und sagte: »Hier ist es. Was soll ich nun besorgen?«

Der Schamane schaute sie an und war zutiefst beeindruckt von ihrer Liebe zu ihrem Mann und von ihrem Mut. Er nahm das Haar und meinte: »Mehr brauchst du nicht! Du hast so viel Liebe und Geduld bewiesen, dass du die anderen beiden Zutaten nicht mehr besorgen musst. Wenn du deinem Mann mit der gleichen Liebe und Geduld begegnest, dann werdet ihr einen Weg finden, ein neues Leben aufzubauen und glücklich miteinander zu werden.«

Diese Geschichte erzählte mir vor vielen Jahren eine Traumatherapeutin. Sie spiegelt so deutlich wider, wie sich ein Trauma auswirkt. Sie macht aber auch deutlich, was es braucht, um ein Trauma zu heilen oder zu lernen, besser damit zu leben. Sie fiel mir unlängst wieder ein, als ein Arzt zu mir kam, um Achtsamkeit zu erlernen. Wir verabredeten uns am Ammersee und machten dort in einem Buchenhain eine lange Gehmeditation. Am Ende unseres Treffens meinte er, dass er sich schon seit

Monaten nicht mehr so ruhig und entspannt gefühlt hätte. Endlich hätte die Herde an wilden Mustangs in seinem Inneren mal einen Moment Ruhe gegeben. Er war der Sohn eines syrischen Vaters und einer deutschen Mutter. Nach dreißig Jahren war sein Trauma aufgebrochen. Er war zu mir gekommen, weil er mich im BR bei »Radio-Wissen« gehört hatte, als in einem Podcast meine Arbeit über Ängste vorgestellt wurde. Darin sagte ich, dass Achtsamkeit dort anfängt, wo Bequemlichkeit aufhört. Dieser Satz hatte den Arzt berührt, und er wusste, dass es ein langer Weg sein würde, die Herde von Wildpferden in seinem Kopf zu zähmen. Aber die Achtsamkeit half ihm dabei. Es war besonders der Atem, der ihm nach und nach wieder Vertrauen ins Leben schenkte.

Die Angst, ein großer Lehrmeister

Das Coronavirus und die damit einhergehenden Einschränkungen und Verbote waren (und sind noch, während ich dies schreibe) für uns alle sehr aufwühlend und für viele auch transformierend. Menschen erkrankten, Menschen starben, Menschen wurden wieder gesund, Menschen zweifelten, Menschen hinterfragten, Menschen gehorchten, Menschen halfen, Menschen begegneten sich neu, und die Gesellschaft zerbrach in zwei Fraktionen. In den ersten Monaten der Pandemie habe ich von den unterschiedlichsten Umgängen mit dem Virus gehört. Zwei Geschichten berührten mich besonders. Eine Frau wagte sich monatelang immer erst abends ab zweiundzwanzig Uhr auf die Straße, weil ihre Angst vor Aerosolen so groß war. Die andere Geschichte erzählt von einem Paar, das gemeinsam in einer Wohnung lebt. An dem Tag, als der Virus ihre Stadt erreichte, zog die Angst bei ihnen ein. Während der ganzen Pandemie waren sie fortan zu dritt. Die Partner wohnten nun in getrennten Zimmern, kochten zu unterschiedlichen Zeiten und gingen immer nur ins Bad, wenn der andere in seinem Zimmer war. Sie liefen in der Wohnung nur mit Maske umher und desinfizierten alles, sobald sie von einem Einkauf, einem Spaziergang oder einem Arztbesuch zurückkamen. Sie redeten wenig miteinander. Sie weinten viel für sich allein. Trotzdem waren sie nicht mehr für sich. Jeder hatte nun die Angst an seiner Seite. Sie hatten Angst vor dem Virus. Sie hatten Angst voreinander. Sie hatten Angst umeinander.

Wie die Geschichte weitergegangen ist, weiß ich nicht. Aber sie erinnerte mich an eine tradierte Geschichte über die Pest, die ich hier gern mit Ihnen teilen möchte: Die Pest befand sich auf dem Weg nach Rom. In Florenz überholte sie eine große Pilgergruppe, die ebenfalls auf dem Weg nach Rom war. Claudio, der älteste der Pilger, fragte die Pest: »Wohin gehst du so schnell?« Die Pest antwortete: »Ich bin auf dem Weg nach Rom. Ich habe vor, dort fünfhundert Leben zu nehmen.« Daraufhin zogen es Claudio und die anderen Pilger vor, nicht nach Rom zu gehen. Sie blieben für zwei Wochen in einem kleinen Ort am Rande der Toskana. Auf dem Rückweg von Rom kam die Pest wieder an den Pilgern vorbei und hielt bei Claudio kurz an. Der schaute die Pest mit ängstlichem Blick an und sagte: »Siebentausend Leben hast du dahingerafft, nicht fünfhundert!« »Nein. Das ist nicht wahr«, antwortete die Pest, »ich nahm die angekündigten fünfhundert. Es war die Angst, die die übrigen nahm.«

ÜBUNG
Die Brille der Angst ablegen

Ich möchte die Gefährlichkeit von Viren nicht schmälern und erst recht nicht negieren. Aber ich möchte darauf hinweisen, dass alles zu einer großen Gefahr werden kann, wenn wir es durch die Brille der Angst betrachten. Durch diese Brille wird das Leben selbst eine große Gefahr. Die Angst hält uns davon ab, es zu leben. Die Angst hält uns davon ab, um Ecken zu schauen, Neues zu wagen, Altes loszulassen, Gewohnheiten zu hinterfragen. Fragen Sie sich immer wieder: »Was würde ich tun, wenn ich keine Angst hätte?« Mich persönlich hat diese Frage zutiefst berührt und vieles in meinem Leben verändert.

Der innere Kritiker und die eigenen Schattenanteile

»Der Kluge ärgert sich über die Dummheiten,
der Weise belächelt sie.«

CURT GOETZ

Unsere inneren Kritiker schauen sehr gern hochmütig oder erzürnt auf unser eigenes Verhalten oder das von Fremden, Freunden und Angehörigen. Tagtäglich kämpfen viele Menschen gegen die innere Stimme, die sie mit neidvollen Gedanken und übermäßiger innerer Kritik bombardiert oder sie unentwegt über das eigene Fehlverhalten oder das von anderen Menschen auf dem Laufenden hält.

Erfahrungsgemäß gibt es aber so viele kleine und große menschliche Schwächen, die sich nicht so leicht abschütteln lassen. Es können banale Eigenschaften sein, wie zum Beispiel im Kleinen unser Neid, unsere Eifersucht, unsere Gier. Oder aufs große Ganze bezogen die Tendenz, immer noch Lebensmittel zu kaufen, die in Plastik verpackt sind, obwohl es sie auch schon unverpackt gibt, oder immer noch bei Amazon einzukaufen, obwohl wir wissen, dass wir damit kleine Buchläden kaputt machen, oder immer wieder über andere Menschen zu lästern.

Solange wir das Gefühl haben, dass wir und andere nur dann liebenswert sind, wenn wir alles perfekt und korrekt und richtig machen, werden wir mit allen Kräften versuchen, Gefühle wie Neid, Missgunst, Eifersucht, Angst, Selbstzweifel oder Gier hinter einer höflichen Miene zu verbergen. Ja, manchmal bekommen wir es selbst gar nicht mit, dass wir beispielsweise passiv aggressiv sind und dies mit einer freundlichen Fassade überspielen. Schließlich ist es in manchen spirituellen Kreisen verpönt, sich negative Empfindungen einzugestehen. Also unterdrücken wir diese Gefühle und Gedanken im Keim, strahlen Freude und Zuversicht aus und tun und handeln so, als wären wir nur noch einen Atemzug von der Erleuchtung entfernt.

Die Ignoranz oder das Nicht-Wissen in Bezug auf den eigenen inneren Kritiker hindert uns nicht nur daran, erfüllte Liebesbeziehungen und vertrauensvolle Freundschaften zu führen. Das Übersehen unseres eigenen inneren Kritikers steht uns auch bei der Entdeckung unseres wahren Selbst, unseres Wesenskerns, unseres Lichts im Weg. Solange wir versuchen, nur den »guten« Teil von uns zu offenbaren, können wir nicht vollkommen authentisch sein. Dabei ist es unsere Aufgabe, uns mit allem anzunehmen, gemäß dem Motto: Alles, was ist, darf sein! Nur so können wir einen Weg zu uns selbst finden. Nur so werden wir selbst zu einer Inspiration und einer Quelle der Liebe.

Nur das, was wir wirklich zu uns nehmen, können wir auch integrieren und transformieren. Es geht nicht darum, den plakativen Vorstellungen eines Hochglanzmagazins oder eines Spiri-Trends zu entsprechen: immer glücklich, immer tolerant, immer gut drauf, immer tiefenentspannt, immer ausgeglichen, immer liebend, immer lichtvoll. Es geht darum, »ganz Mensch zu werden«, wie der deutsche Mystiker Willigis Jäger zu sagen pflegt.

Woran aber erkennen wir unseren inneren Kritiker, den Teil, der sich zwischen uns und unsere Schattenseiten stellt? Wenn wir ein Verhalten oder eine Denkweise eines anderen Menschen massiv verdammen oder ablehnen, können wir sicher sein, dass es der Kritiker in uns ist, der sich wieder einmal meldet. Und mehr noch, wir können sicher sein, dass die abgeurteilten Qualitäten etwas mit uns selbst zu tun haben. Wenn wir über etwas angewidert den Kopf schütteln oder lauthals dagegen sind, könnte es sein, dass diese Tendenz auch in uns selbst angelegt ist. Je länger und je lauter wir uns über den anderen aufregen, desto mehr hat es wahrscheinlich mit unserem eigenen Schatten zu tun. Derjenige, der unsere »Knöpfe drückt«, uns aufregt, verärgert oder verletzt, führt uns als sogenannter Spiegel nur das vor Augen, was wir selbst in uns ablehnen, hassen oder nicht wahrhaben wollen – im Kleinen wie im Großen.

Haben wir jedoch den Mut, das, was uns am anderen am meisten stört, als eine Art Spiegelung unserer dunklen Seiten zu erkennen, ihn als unseren Meister zu betrachten, ist diese Begegnung ein Geschenk. Dann hat das Leben, unser Meister, ganze Arbeit geleistet. Wir lernen, mit dieser Ablehnung ganz anders umzugehen.

Unsere Schatten setzen sich aus den Gedanken, Gefühlen und Impulsen zusammen, die wir nicht akzeptieren können, weil wir sie als peinlich, ordinär, gierig, intolerant, unreif, rassistisch, machomäßig oder zu egoistisch empfinden. Wir schämen uns für solche Gedanken und Gefühle. Wir verdrängen sie und vergessen, dass sie trotzdem wirken. Ohne sie zu bemerken, lassen wir sie unser Denken und Handeln bestimmen. Ohne sie bewusst zu realisieren, lassen wir sie maßgeblich beeinflussen, von wem oder was wir uns unwiderstehlich angezogen fühlen. Sie bestimmen, was wir vermeiden, wen wir hassen und wen wir ignorieren. Sie sind ein Ausdruck unserer Vorlieben und Abneigungen. Sie beeinflussen, wem wir vertrauen und wen wir für dumm halten. Sie haben einen großen Anteil daran, wen wir kritisieren und was wir verurteilen. Sie geben vor, wie viel Lust wir im Bett empfinden dürfen und wie zurückhaltend wir bei der Gehaltsverhandlung sein müssen. Sie melden sich zu Wort, wenn wir betrunken sind, und schämen sich, wenn man uns im nüchternen Zustand darauf anspricht. Sie bestimmen, wie viel Erfolg wir uns erarbeiten dürfen, und sie sind unsere Spaßbremse. Sie verdammen uns zu viel Misserfolg, zu mangelnder Selbstliebe und bestimmen, ob wir unseren Körper pflegen oder ihn verwahrlosen lassen. Sie bestimmen unser Maß an Freude, Leid und Leidenschaft, warum unsere Yogapraxis nicht lustvoll, sondern von Ehrgeiz geprägt ist und warum wir glauben, es bis zur Erleuchtung schaffen zu müssen.

Per Du mit dem inneren Kritiker

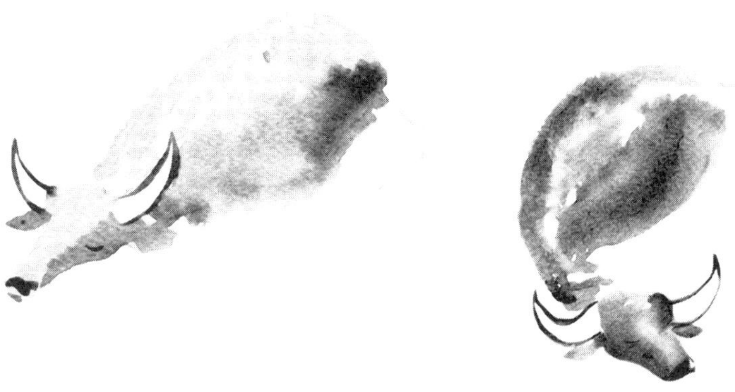

Wer Meisterschaft über das eigene Leben erlangen möchte, der tut gut daran, seine eigenen Schatten kennen und lieben zu lernen. Er muss bereit sein, dem eigenen inneren Kritiker als Meister in die Augen zu schauen. Er muss auch bereit sein, Geduld, Mut und Selbstliebe aufzuwenden. Es braucht viel Größe. Die Größe, sich selbst einzugestehen, dass man neidisch auf die spirituellen Fortschritte der engsten Freundin ist, auf den materiellen Wohlstand des Bruders oder die emotionale Ausgeglichenheit der Schwester, während man selbst immer noch an alten Mustern festhängt wie die Fliege am Leim und in manchen Bereichen des Lebens ständig vom Regen in die Traufe stolpert. Es gehört Mut dazu, sich einzugestehen, dass man trotz langjähriger Meditationspraxis immer noch süchtig nach Sex, Alkohol oder Erfolg ist. Es braucht Selbstliebe, wenn man als Achtsamkeitslehrer im Unterricht von inneren Werten redet, aber selbst von Likes und Followern abhängig ist.

Ihn zum besten Freund zu machen ist wohl das Beste, was wir mit unserem inneren Kritiker anstellen können. Laut Luise Reddemann, einer der bedeutendsten Traumatherapeutinnen, ist dieser unkündbar und wird uns genauso wie unser Atem bis ans Ende unseres Lebens begleiten. Beenden wir sein Kellerdasein, akzeptieren wir ihn als unseren Meister und reichen wir ihm die Hand, wird er uns den Weg zu dem Menschen zeigen, der wir von Anfang an sein wollten: ein einzigartiges Wesen bestehend aus Licht und Schatten. Akzeptieren wir, dass uns all das ausmacht, wird unser Leben lebendiger, entspannter und unser Herz offener. Erst dann können wir uns in der Ganzheit unseres Seins sonnen, anstatt in einem allzu engen Korsett des Ichs zu verkümmern.

Alles, was wir ignorieren, verstecken oder von uns weisen – jede unvollkommene Eigenschaft, jede schwierige Gefühlsregung, jeden düsteren Gedanken –, tickt wie eine Zeitbombe, wabert in uns und ist ein gefundenes Fressen für unseren diesbezüglich nimmersatten inneren Kritiker. Er ist fixiert auf all diese Regungen und braucht sie wie die Luft zum Atmen.

Jede dieser Schwächen projiziert er gern auf andere Menschen und glaubt, über alldem zu stehen oder frei davon zu sein. Wenn unsere Abwehrmechanismen aber plötzlich nicht mehr richtig greifen, kann es sein, dass eine unserer inneren Zeitbomben unvorhergesehen platzt. Dann kann es katastrophal werden, und wir reagieren so, wie wir es unserem schlimmsten Feind nicht zutrauen würden. Solche Schatteneffekte zeigen sich besonders gern zu einem äußerst ungünstigen Zeitpunkt, zum Beispiel wenn wir gerade eine Auseinandersetzung mit der kranken Mutter haben, wenn wir den Alkoholkonsum nicht mehr unter Kontrolle kriegen, einen neuen Job antreten wollen oder vor dem Abschluss eines lang gehegten Projektes stehen. In solchen Moment kann der unterdrückte Schatten äußerst heftig zuschlagen, und das, was wir so gern vor uns selbst und der Welt verdrängen wollten, zeigt sich ungeschminkt und schamlos.

Häufig setzen wir uns erst dann mit unserem inneren Kritiker auseinander, wenn wir verlassen werden, es einsam wird um uns oder unser selbstschädigendes Verhalten offensichtlich wird. Die eigenen Schattenseiten in Augenschein zu nehmen hat für viele im ersten Moment etwas Beängstigendes. Wenden wir uns ihnen und dem inneren Kritiker aber liebevoll zu und erkennen wir, wann sie entstanden sind, setzt ein zutiefst heilsamer Prozess ein. Dann können wir uns mit viel Selbstmitgefühl uns selbst zuwenden, die Schatten und ihre Entstehungsgeschichte erkennen und heilen. Wenn wir sie da sein lassen, gemäß dem Motto »Alles, was ist, darf sein«, und wenn wir offen mit ihnen umgehen, werden wir innerlich frei.

Gelingt es uns, Ja zu unseren eigenen Schatten zu sagen, sie anzunehmen und unseren inneren Kritiker in die Arme zu schließen, erkennen wir, dass wir viel mehr sind als unser kleines Ich. Dann realisieren wir, dass wir so, wie wir sind, genau das Puzzleteil des göttlichen Plans sind, welches es braucht, um das gesamte kosmische Bild zu ergeben. Wir sind, so wie wir sind, für die Evolution der Menschheit wichtig.

Wie der Lotos, dessen Wurzeln im Schlamm sind, müssen wir das Dunkelste in uns und das Schmerzvollste in unserem eigenen Leben annehmen. Nur dann werden wir das Beste in uns selbst und in anderen Menschen ans Licht bringen.

Der Guru und seine unvollkommenen Schüler

*»Der traurigste Aspekt derzeit ist,
dass die Wissenschaft schneller Wissen sammelt
als die Gesellschaft Weisheit.«*

ISAAC ASIMOV

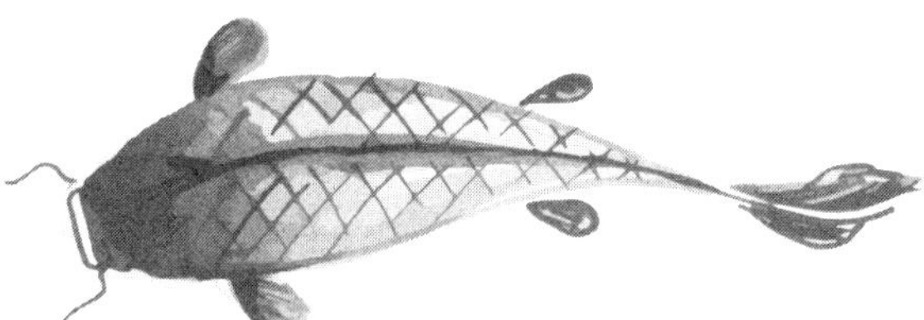

Für Menschen wie Sie und mich, die wir aus ganzem Herzen leben und lieben möchten, haben westliche Gelehrte und Philosophen, indische Gurus, tibetische Lamas und japanische Zenmeister weise Lösungsansätze für ein sinnvolles Dasein parat. Sie offerieren verschiedenste mentale und spirituelle Werkzeuge, damit wir mit den Herausforderungen des Lebens entspannter umgehen und mehr inneren Frieden finden können. Trotzdem ist die Zeit, sich in die Obhut eines spirituellen Lehrers zu begeben und möglicherweise für Jahre bei ihm oder mit ihm zu leben, für viele vorbei – auch wenn die Fragen in Bezug auf ein sinnerfülltes Leben nicht weniger geworden sind. Ab und zu gibt es bis heute Menschen, die aus tiefstem Herzen von einem Lehrer lernen möchten. Sie möchten wirklich und wahrhaftig ihre Schatten und dunklen Anteile transformieren. Auch wenn es im ersten Moment nicht immer so schien, aber Johannes, ein schmächtiger Mann aus Bochum, war so jemand.

In Japan gab es einen Zen-Tempel, in dem ein Meister mit fünfzig Schülern lebte. Johannes reiste zu diesem Tempel, um von dem Meister die Kunst der Achtsamkeit zu lernen. Dieser Meister war nämlich ein so großer und außergewöhnlicher Gelehrter, dass er auch in Europa und Amerika bekannt war und dort sehr geschätzt wurde.

Der Deutsche blieb für mehrere Wochen im Aschram, und eines Tages wurde er dabei erwischt, wie er heimlich im Bambusgarten eine Zigarette rauchte. Es war offensichtlich, dass er sie sehr genoss. Einer der Schüler sah ihn, empfand es als einen Regelbruch und ging zum Meister, um ihm davon zu erzählen. Dieser ermahnte Johannes und erklärte ihm, dass im Kloster Rauchverbot herrschen würde. Danach zeigte er ihm eine Meditation, die ihn darin unterstützen könnte, diese Gewohnheit zu überwinden. Bereits ein paar Tage später wurde der junge Deutsche ein zweites Mal beim Rauchen gesehen. Auch dieses Mal ermahnte der Meister den jungen Mann. Jetzt tat er es sogar vor den anderen Schülern. Aber auch dieses Mal gab er ihm eine Praxis mit an die Hand, die ihn darin unterstützen sollte, das Rauchen loszulassen. Eine weitere Woche ging vorbei, und wieder wurde Johannes beim Rauchen erwischt. Aber nicht nur das. Es kam raus, dass er nicht nur Tabak rauchte, sondern sich ein bisschen Marihuana daruntergemischt hatte.

Als ein Schüler dies roch, ging er sofort zu den anderen Schülern, die gemeinsam im Speisesaal saßen. Die Nachricht sorgte für eine laute Diskussion. Der Deutsche war ein Kiffer! So jemand hatte hier nichts verloren! Die Schüler diskutierten so laut, und ihr Ärger war so deutlich spürbar, dass der Meister in den Saal kam und fragte, was passiert sei. »Meister, jetzt ist es an der Zeit, dass du den Deutschen rausschmeißt. Wir alle bemühen uns tagtäglich, die Kunst der Achtsamkeit zu erlernen, und er geht über die Regeln hinweg. Er raucht nicht nur Zigaretten, sondern auch Joints. Und das, obwohl es hier strengstens untersagt ist. Wir möchten nicht länger mit ihm praktizieren. Er passt nicht zu uns. Wir lehnen ihn ab, weil er überhaupt nichts von deinen Lehren verstanden hat.«

Der Meister schaute seine Schüler einen nach dem anderen an. Dann sagte er: »Ja, ihr habt wirklich erkannt, dass er die Lehren noch nicht verstanden hat. Ganz im Gegensatz zu euch. Ihr habt wirklich sehr viel gelernt in den letzten Monaten.« Die Schüler waren stolz und hatten nicht damit gerechnet, ein solches Lob von ihrem Meister zu hören, denn damit hielt dieser sich immer sehr zurück.

Der Meister war eine Weile still, dann sagte er: »Da ihr die Lehren der Achtsamkeit mittlerweile so gut beherrscht, würde ich euch vorschlagen, dass ihr das Kloster verlasst. Ihr braucht mich nicht mehr. Ich aber werde mich um den Deutschen kümmern und ihm die Achtsamkeit noch einmal ganz neu vermitteln. Er ist der Einzige, der anscheinend immer noch nicht verstanden hat, worum es eigentlich geht.«

Enttäuscht werden

»Erfahrung ist eine teure Schule, aber Narren wollen anderswo nicht lernen.«

BENJAMIN FRANKLIN

Von spirituellen Lehrern habe ich mir lange erhofft, dass sie mir die Geheimnisse zeigen, die jenseits des Verstandes liegen. Lange habe ich mir einen Hauch Mystik, einen Funken Erleuchtung und ein Kilo Erleichterung von meinen Sorgen und Ängsten gewünscht. Und genauso lang habe ich mir erhofft, dass sie meinen inneren Juwel zum Strahlen bringen. All diese Hoffnungen hatte ich im Gepäck, als ich nach Japan flog, um dort Japanologie und Zen zu studieren.

Ich erhoffte mir, dass mir der Mönch, in dessen Kloster ich während meines Studienaufenthaltes untergebracht war, zeigen könnte, wie ich endlich meine Gedanken, Gefühle, Körperempfindungen und infolgedessen mein Leben steuern kann. Bis dahin war es genau umgekehrt gewesen: An manchen Tagen konnten mich meine Gefühle so derart überfluten, dass ich mich in Dramen verlor und nicht mehr wusste, wo oben und wo unten ist. Natürlich kamen sie niemals allein, sondern zogen die entsprechenden Gedanken und Körperempfindungen mit sich. Und natürlich hielt mich auch mein innerer Kritiker immer wieder auf Trab. Mit ihm kam ich nach Japan. Ohne ihn wollte ich wieder nach Hause fliegen.

Ich hoffte, dass mir der Mönch die entsprechenden Meditationstechniken an die Hand geben würde, damit ich endlich inneren Frieden finden könnte. Ich wünschte mir, dass er mich aus erster Hand das lehrte, was ich all die Jahre davor nur aus Büchern oder Filmen kannte. Bereits Monate vor meiner Reise sah ich mich schon in Gedanken im Kloster sitzen, Hammer und Eisen in der Hand, um endlich mein eigenes Glück im Angesicht des Zen schmieden zu können. Ich hoffte, in dem Mönch auch einen Lehrer zu finden, der mir zeigen würde, wie es mir gelingen könnte, nicht länger jeden Gedanken für bare Münze zu nehmen. Ich hoffte auch, in ihm einen Lehrer zu finden, der mich zur Heldin eines Films machen würde. Meines eigenen Films. Ja, irgendwie war der Mönch zum damaligen Zeitpunkt meine einzige Hoffnung. Viel zu oft glaubte ich meinen Gedanken und denen meines inneren Kritikers. Viel zu selten konnte ich mich von meinen inneren Dramen und Geschichten distanzieren. Viel zu oft zappelte mein Geist wie ein Fisch an der Angel eines einzigen Gedankens. Das sollte aufhören. All diese Hoffnungen hatte ich im Gepäck, als ich in Japan an die Pforte des Klosters klopfte.

All diese Hoffnungen wurden mit einem Mal enttäuscht, als der Mönch, bei dem ich wohnen sollte, die Türe öffnete. Schmal und schüchtern wirkte er. Unsicher und distanziert blieb er. Bereits nach wenigen Tagen erfuhr ich, dass dieser Mönch kein Interesse an der Meditation hatte. Er hatte den Mönchstitel von seinem Vater geerbt, wäre aber lieber Unternehmer geworden. Er liebte die Wirtschaft und das Golfspiel genauso wie das japanische Fernsehen. Den hauseigenen Tempel hingegen mochte er nicht.

Erstaunt war ich darüber, wie schön der Tempel war. Auch der Zengarten, der hinter dem Haus lag, berührte mich gleich am ersten Tag tief im Herzen. So suchte ich Zuflucht im Garten des Klosters und begann dort zu praktizieren. Hier kam mein Geist zur Ruhe. Hier stoppte das Gedankenkarussell. Hier begann ich, das Geheimnis des Zen zu verstehen.

Von meinem Zimmer aus betrat ich den Zengarten über eine schmale Brücke. Sie war aus Naturstein und wirkte wie ein Übergang in eine andere Welt. Ja, es war so, als würde es nur die Überquerung dieser kleinen Brücke benötigen, um den Alltag hinter mir zu lassen und in einen offeneren Bewusstseinszustand zu gelangen. Das Wasser, das in dem kleinen Bächlein unter der Brücke hinwegfloss, schien meine Gefühle von Müdigkeit und Schwere zu befreien, und auch mein Körper fühlte sich jedes Mal wie von Zauberhand gereinigt, wenn ich über diese Brücke ging. Sie war auch so angelegt, dass ich automatisch meinen Schritt verlangsamte. Sie hatte etwas sehr Feines, Ästhetisches, der wunderschöne Naturstein zog meine Aufmerksamkeit auf sich und sorgte dafür, dass ich bereits hier an dieser Schwelle achtsam in diesen besonderen Ort eintauchte. Die Brücke lud mich ein, langsamer zu werden, bewusst hineinzusinken in die innere Welt, in der es kein Ich und kein Du mehr gibt.

Hinter der Brücke begrüßten mich Kirsch- und Ahornbäume, die so schön waren, dass ich jedes Mal, wenn ich an ihnen vorbeiging, innehielt, sie betrachtete und manchmal auch berührte und streichelte. Ich wusste damals noch nicht, dass genau diese Baumsorten den immerwährenden Kreislauf der Natur symbolisieren und deshalb besonders verehrt werden.

Ich besuchte den Garten täglich. Besonders gern kam ich hierher, wenn ich aus der Metropole Tokio zurückkehrte. Hier konnte ich eintauchen in die Meditation. Mein Ich legte sich an der Brücke zum Garten schlafen, und mein Geist ruhte im Angesicht malerisch schöner Bäume. Ich versuchte, jedes Mal mit der Haltung des »Anfängers« in den Garten zu kommen. Der Zenmeister Suzuki Roshi hat diesen Begriff geprägt. Durch den sogenannten Anfängergeist bleiben wir wach für das Wunder des Augenblicks. Dadurch schalten wir den Autopiloten aus, der sich zwischen uns und die Magie des Moments stellt.

Jedes Mal, wenn ich in den Garten kam, tat ich so, als würde ich zum allerersten Mal in meinem Leben einen Zengarten sehen. Und tatsächlich eröffnete mir diese Haltung immer wieder ganz neue Perspektiven. Je nach Tageszeit oder nach Einfall der Sonne zeigte sich der Garten in einem anderen Licht. Und je nach Stimmung wirkte er manchmal wie ein großes Paradies und manchmal, wenn ich unglücklich mit mir war, wie ein kleines Gefängnis. Selbst nach vier Wochen betrat ich den Garten noch mit den Augen eines Kindes: achtsam, neugierig und offen.

In solchen Momenten, in denen ich vollkommen mit meinem Atem verbunden und ganz präsent in meinem Körper war, erlebte ich mich immer als Teil des gesamten Universums. Ich war eins mit allem. In diesem Bewusstsein spiegelte sich meine eigene Vergänglichkeit mal in einem Wassertropfen und mal in einem Blatt wider.

Das Bewusstsein der Verbundenheit und Vergänglichkeit spiegelte sich in diesen Wochen nicht nur in meiner eigenen Wahrnehmung wider, sondern sie bilden auch die Grundlage sämtlicher philosophischer und spiritueller Strömungen in Japan. Eine zutiefst beruhigende Sicht auf das Leben und das Sein. Sie machte es mir möglich, ganz im Moment zu verweilen. Sie offenbarte mir das Wissen, dass alles, was ist, nur im Moment existiert und genau in diesem Augenblick seine wahre Bedeutung offenbart. Welch wunderbare Erfahrung, die mich immer wieder tief im Herzen berührte.

Wider Willen wurde der Zengarten mein Lehrer. Hier verblasste auch die Enttäuschung darüber, dass mich der Mönch des Klosters nicht lehrte und mir nicht das gab, wonach ich innerlich durstete. Im Nachhinein war ich sogar froh, denn der Garten öffnete mein Herz für alle Gärten. Er öffnete mein Bewusstsein für alle Bäume und für alle Steine, die mir danach in anderen Gärten Japans begegneten und es mir möglich machten, schneller in den gegenwärtigen Augenblick einzutauchen. Beschäftigte mich an einem Tag ein Thema besonders und ging ich mit einer bestimmte Frage im Herzen durch die Welt, so passierte es mir immer wieder, dass ich im Rauschen eines Flusses oder in der Betrachtung eines Baumes die Antwort fand. Je weniger Vorstellungen ich hatte, desto größer war die Einsicht und somit das Geschenk, das ich erhielt.

Hier in Japan realisierte ich, dass eine Mönchskutte noch lange keinen Meister macht und dass mancher Baum ein größerer Lehrmeister ist als ein Zenmeister auf zwei Beinen.

Wann immer ich heute in einen Wald gehe oder einen Park besuche und mich im Schatten eines Baumes niederlasse, wird mein Herz tief berührt. Es führt mich in den zeitlosen Raum, den ich in Japan zum ersten Mal in dieser Tiefe erfahren durfte. Aber auch meine Sicht auf Steine hat sich verändert. Wenn ich mich auf einer Wanderung auf einem Felsen oder in seiner Nähe niederlasse, dann stellt sich schnell das Gefühl ein, dass er beseelt und in diesem Moment mein Meister ist. Vorausgesetzt, ich möchte hören, was er mir zu sagen hat. Wie schrieb auch schon Antoine de Saint-Exupéry in seinem Buch *Der kleine Prinz*: »Man sieht nur mit dem Herzen gut. Das Wesentliche ist für das Auge unsichtbar.«

Wenn wir zulassen, dass Bäume, Pflanzen, aber auch Steine und Tiere unsere Meister werden, dann können wir uns im Schweigen für das Wesentliche öffnen. Dann gelingt es uns, alle Vorstellungen loszulassen und einfach nur da zu sein: von Moment zu Moment.

ÜBUNG
Einen Ort der Inspiration finden

Gibt es für Sie einen solchen Ort, an dem Sie sich für das öffnen können, was nicht mit dem Auge zu erfassen ist? Gibt es einen Garten, einen Wald oder ein Flussufer, an dem Sie sich in den Momenten zurückziehen können, in denen Sie das Gefühl haben, dass Ihre Seele auftanken oder Ihr Herz sich mit etwas verbinden möchte, das größer ist als Ihr Ich?

Wir alle brauchen einen solchen Ort. Wir brauchen einen Platz, an dem wir loslassen können vom Alltag, von Pflichten, vom Ich. Einen Ort, an dem die Seele zur Ruhe kommt. Einen Garten, ein Flussufer oder eine Bank im Park, wo sich unsere überfrachteten Sinne vom Lärm der Welt erholen können. Eine kleine Oase inmitten des lauten Alltags, die den Rollen, die wir im Leben spielen, verborgen bleibt. Einen äußeren Raum, an dem wir ganz wir selbst sein können. Und wenn es diesen Ort im Außen nicht gibt, sollten wir uns einen inneren Raum schaffen, an dem wir uns nicht zu verstellen brauchen. Denn nur an solchen Plätzen findet unser Herz Schutz, und unsere Seele kann dem Klang der Sterne lauschen und mit dem Leben als seinem Meister in einen unmittelbaren Dialog gehen. Und wenn wir es zulassen, eröffnet sich an einem solchen Ort ein heiliger Raum. Ein Raum, in dem Weisheit und Vertrauen ins Leben einander begegnen. An solchen Orten werden wir immer wieder neu geboren. Sollten Sie einen solchen Ort noch nicht besitzen, dann wäre es jetzt eine gute Gelegenheit, sich von ihm finden zu lassen.

Tu möglichst wenig von dem, was du bereuen könntest

»Weisheit stellt sich nicht immer mit dem Alter ein. Manchmal kommt auch das Alter ganz allein.«

JEANNE MOREAU

Vor vielen Jahren führte ich eine Liebesbeziehung mit einem Japaner. Obwohl er ein ganzes Stück kleiner war als ich, war Masahiro meine große Liebe. Er war ein wunderbarer, weiser Mann, der viel und gern rauchte. Seine Eltern waren beide in den Achtzigern, und überhaupt war seine Familie, die in Japan lebt, sehr gesund. Masahiro ging davon aus, dass auch er mindestens achtzig Jahre alt werden würde. Als wir zusammen waren, rauchte er immer noch, aber deutlich weniger als in den Jahren, in denen er beruflich in leitender Funktion in der ganzen Welt unterwegs war. Als wir uns kennenlernten, war er sehr vital und lebendig. Nach ein paar Jahren begann er sich allerdings zu verändern. Er wurde ruhig und depressiv. Nach einigen Wochen wurde ein Gehirntumor mit Mutterherd in der Lunge diagnostiziert.

Seine Krankheit schritt sehr schnell voran, und bereits sechs Monate später war deutlich, dass er nur noch wenige Wochen leben würde. Drei Tage vor seinem Tod saß er auf seinem Bettrand, stütze sich mit den Händen auf den Oberschenkeln ab, schaute zum Boden und sagte immer wieder kopfschüttelnd: »Scheißzigaretten! Scheißzigaretten!« Danach war er still, und wir saßen schweigend in seinem Zimmer. Es schien ihm in voller Konsequenz bewusst geworden zu sein, dass die Zigaretten wohl der Grund für seinen frühen Tod waren. Ein paar Minuten später schaute er mich an und sagte: »Tue nichts, was du irgendwann bereuen könntest.«

ÜBUNG
Hilfe ist da

Natürlich können wir Fehler in unserem Leben nicht vermeiden. Und manchmal müssen wir sogar Fehler machen, um aus ihnen zu lernen. Dies ist wohl eine wichtige Spielregel des Lebens. Aber trotzdem sollten wir immer wieder unsere Hand auf unser Herz legen und überprüfen, ob das, was wir tun, wirklich gut für uns ist. Manchmal ist eine Sucht allerdings so stark, dass wir gut daran tun, uns Unterstützung zu holen, um uns von ihr zu befreien.

Menschen, die sich helfen lassen, zählen für mich persönlich sogar zu den besonders mutigen Menschen. Sie sind bereit, sich eine Schwäche einzugestehen. Sie haben den Mut, sich Unterstützung zu holen, um sich aus einer Abhängigkeit zu befreien. Sie sind bereit, sich für sich selbst zu entscheiden anstatt gegen sich.

Wie wär's, wenn Sie Ihr Leben überprüfen und auf das schauen, was Sie abhängig macht? Vielleicht trinken Sie zu viel oder zu regelmäßig Alkohol? Oder Sie können ohne Ihr Handy das Haus nicht verlassen? Betrachten Sie das, was Sie einengt, ohne sich deswegen schuldig oder schlecht zu fühlen. Lassen Sie sich lieber dabei unterstützen, einen gangbaren Weg aus möglichen Abhängigkeiten zu finden, um innerlich und äußerlich frei zu werden.

Die Unvorhersehbarkeit des Lebens

»Die dunkelste Stunde ist immer die vor Sonnenaufgang.«

EVELINE HELMINK

Vor vielen Jahren reiste ich mit meinem Lebensgefährten durch Südindien. Wo immer wir auch hinfuhren, ob zu einem kurzen Ausflug zu einem Tempel, an einen Strand oder zum Essen in ein Restaurant, immer hatte er einen Erste-Hilfe-Koffer mit Verbandszeug, Kanülen und all diesen Dingen dabei. Eines Tages aber hatte er diesen kleinen Koffer im Haus meines Bruders gelassen, den wir während unserer Reise für ein paar Tage besuchten. Und genau an diesem Tag wurde unsere Riksha auf dem Weg zum Strand von einem Lkw gerammt. Weder der Lkw noch die Riskha waren schnell, und so wurden wir nur leicht verletzt. Genauer gesagt kippte unser kleines Gefährt um, und wir kamen mit ein paar Schrammen davon. Zufälligerweise war ein indischer Arzt zugegen, der uns direkt in ein Krankenhaus bringen ließ, das nur ein paar Straßen weiter lag.

Der Anblick war sehr erschreckend. Es war nicht gerade ein Vorzeigekrankenhaus. Mein Lebensgefährte verzichtete darauf, sich eine kleine blutende Wunde nähen zu lassen, und auch eine Desinfektion vonseiten des Arztes lehnte er freundlich ab. Wirklich sauber sah es nämlich nicht aus in der Klinik. Zum Glück waren die Wunden klein, und wir konnten uns im Haus meines Bruders mit dem Erste-Hilfe-Kasten selbst versorgen. Als wir in unserem Zimmer waren, lachte mein Lebensgefährte, während er den kleinen Notfallkoffer auspackte: »Der Mensch plant, und das Leben lacht.«

Das Leben als unser Meister zeigt uns immer wieder und, ich glaube, jeder und jedem Einzelnen von uns, dass das Leben nicht wirklich planbar und nicht kontrollierbar ist. Auch wenn es uns noch so schwerfällt, dies zu akzeptieren, und wir uns gern als die »Krone der Schöpfung« betrachten möchten, so können wir nicht alles kontrollieren. Am wenigsten unser eigenes Schicksal.

Vom Millionär zum Bettelmönch

»Trödeln ist so verführerisch und Losziehen und Ungewissheit aushalten so fordernd.«

ANDREAS ALTMANN

In meinem Leben sind mir bereits viele Meister, Gurus und Menschenfänger begegnet. Aber von den Menschen, die ich als wirkliche »spirituelle Lehrer« kennengelernt habe, hat mich keiner so sehr beeindruckt wie Master Han Shan. Sein Geburtsname ist Hermann Ricker, und unter diesem Namen ging er als junger Mann als Manager eines Konzerns nach Asien. Dort führte er ein sehr erfolgreiches Leben als Unternehmer. Er fühlte sich immer sehr zum Buddhismus hingezogen und praktizierte. Eines Nachts fuhr er mit seinem Jaguar auf dem Singapur Highway, als sein Auto von einem Lkw gerammt wurde. Dass er den Unfall überlebte, war reine Glückssache. Das Auto jedenfalls war Schrott.

Dieses Erlebnis hat ihn in seinem tiefsten Innern berührt, und er stellte sich die Frage: Wenn sich unser Leben von einem Moment auf den anderen so schlagartig ändern kann, was ist dann der Sinn des Lebens? Um eine Antwort auf diese Frage zu finden, zog er sich in sein Penthouse zurück. Nach zwei Wochen war ihm klar, dass er sein bisheriges Leben so nicht weiterführen wollte. Er verschenkte seinen gesamten Besitz an verschiedene Institutionen, Klöster und Mitarbeiter und ließ sich als Mönch ordinieren. Danach zog er sich in Thailand auf eine einsame Insel zurück. Nach zwei Jahren forderte sein Abt ihn auf, seine gewonnenen Erkenntnisse zu verbreiten. Nach insgesamt zehn Jahren als Mönch legte er seine Robe ab und kehrte nach Europa zurück. Hier schrieb er mehrere Bücher und gab Retreats, in denen er seine Einsichten teilte.

Als ich ihm begegnete, fragte ich ihn: »Master Han Shan, warum hast du nicht irgendwo hunderttausend oder eine Million Dollar zurückgelegt für die Zeit, wenn du wieder von deiner Insel zurückkehrst?« Darauf antwortete er: »Weil ich gedanklich dann nicht frei gewesen wäre.«

Diese Antwort hat mich zutiefst beeindruckt. Han Shan ist der einzige Mensch, der mir bislang begegnet ist, der freiwillig alles aufgegeben hat, um Antworten auf die wirklich wichtigen Fragen des Lebens zu finden. Heute lebt Master Han Shan in Thailand, wo er das Nava Disa Retreat Center leitet. Übersetzt heißt der Ort »Himmelstor«, und in Österreich, wo er einen Verein gegründet hat, lebt er in Himmelsberg. Wer loslässt, hat beide Hände frei und ist dem Himmel offensichtlich ein Stück näher.

Loslassen

»Die Bildung kommt nicht vom Lesen, sondern vom Nachdenken über das Gelesene.«

CARL HILTY

Etwas, was wir auf unserem Weg auch loslassen sollten, sind Vorstellungen darüber, wie unser Weg aussehen sollte beziehungsweise wie unsere Entwicklung auf diesem Weg verlaufen sollte. Es heißt, dass wir uns selbst auf unsere Yogamatte oder auf unser Meditationskissen immer mitnehmen. Wenn wir im Leben leistungsorientiert sind, kann es uns passieren, dass wir auch auf dem Kissen einen sehr hohen Anspruch an uns stellen.

Es kann aber auch bedeuten, dass wir an unsere Vorbilder hohe, oftmals zu hohe Ansprüche stellen. Immer wieder habe ich erlebt, dass ein spiritueller Lehrer gehypt wurde. Dann kam irgendetwas ans Tageslicht – und schon wurde er vom Sockel der oft viel zu hohen Erwartungen geschubst. Und dort war dann wieder Platz für ein neues Vorbild. Der Satz »Töte den Buddha« ist für mich persönlich eine wichtige Empfehlung. Sie mahnt uns, dass wir unsere Vorstellungen nicht überziehen und uns nicht zu sehr auf äußere Lehrer fixieren sollten.

Das Gleiche gilt in meinen Augen auch für eine spirituelle Praxis oder eine Tradition. Nichts ist vollkommen, und alles kann uns nur darin unterstützen, auf unserem Weg weiterzugehen. Alles sollten wir von Zeit zu Zeit einer Prüfung unterziehen, und wenn wir merken, dass eine Meditationstechnik oder ein Weg nicht mehr der richtige ist, weil wir dort stecken bleiben und uns nicht weiterentwickeln, dann ist es gut, ihn zu überprüfen und möglicherweise etwas zu verändern.

ÜBUNG
Frei werden

Wie wär's, wenn Sie jeden Tag etwas loslassen, um innerlich und äußerlich etwas freier zu werden? Sie können Dinge ausmisten, die Sie nicht mehr brauchen, oder es können auch Gewohnheiten sein, die Ihnen das Leben schwer machen. Es können sogar Menschen sein, mit denen Sie zusammen sind, obwohl Sie sich innerlich schon längst von ihnen getrennt haben. Wie wär's, wenn Sie ab jetzt jeden Tag drei Dinge aussortieren würden?

Jeder Mensch ist ein Buch voller Geschichten

»In der Jugend lernt, im Alter versteht man.«

MARIE VON EBNER-ESCHENBACH

Vor einigen Jahren lernte ich auf einer Indienreise einen Baba kennen. Er war ein Sadhu, der von Küste zu Küste und dabei von Dorf zu Dorf wanderte. Früher warteten die Menschen in den Dörfern auf ihn. Er erzählte ihnen Geschichten, die das Universum schreibt. Geschichten, in denen sich das Leben als ein lehrreicher, harter, liebevoller, wegweisender Meister für einen Menschen oder manchmal sogar für ein ganzes Dorf, eine ganze Region oder ein ganzes Land erwies. Wenn der Baba in ein Dorf kam, dann setzte er sich auf den Marktplatz und begann, seine Geschichten zu erzählen. Es waren wunderschöne Abende, die die Menschen gemeinsam bei ihm verbrachten. Sie lauschten im Licht des Lagerfeuers, was der Geschichtenerzähler an Neuem mitgebracht hatte. Er erzählte den neusten Tratsch aus den Nachbardörfern, brachte aber auch wichtige Informationen aus anderen Ländern mit und gab Weisheitsgeschichten wieder. Schließlich war er ein Sadhu – und die sind häufig auch Weisheitslehrer. Manchmal brachte er auch einen oder zwei seiner Schüler mit.

Die Dorfbewohner liebten die Zeiten, in denen der Baba bei ihnen war. An diesen Abenden fühlten sie sich einander näher und spürten, wie wichtig es ist, eine Gemeinschaft zu bilden. Sie berührten einander und schenkten einander verständnisvolle oder fragende Blicke, wenn er eine Weisheitsgeschichte erzählte hatte. Sie brachten ihm zu essen und zu trinken, boten ihm an, in ihren Häusern zu schlafen, und schenkten ihm Geld, damit er weiterziehen konnte.

Mit der Erfindung der Fernseher kamen immer weniger Menschen zu dem Baba, wenn er ihr Dorf besuchte. Sie saßen nun allein in ihrem Wohnzimmer vor dem TV-Gerät und schauten sich lieber Bollywood-Romanzen oder Geschichten aus dem Ramayana, der indischen Mythologie an, statt dem Baba zu lauschen. Mit der Erfindung des Smartphones kamen noch weniger Dorfbewohner zu ihm und auch die primär nur, um ein Selfie mit ihm zu machen und es auf Instagram oder Facebook zu posten. An seinen Geschichten waren sie nicht mehr wirklich interessiert. Sie waren damit beschäftigt, sich mit Freunden und Fremden auf Instagram zu vergleichen, und verloren sich in den virtuellen Welten des Internets. Darüber vergaßen sie sich selbst und ihre eigenen Geschichten, die im Glanz der anderen nichtig und klein erschienen.

Jeder Mensch hat seine eigenen Geschichten. Sie erzählen darüber, wie das Leben ihm persönlich als Meister dient. Früher saßen die Menschen in Indien auf dem Dorfplatz beim Baba, um ihnen zu lauschen. Hier in Europa verbrachte man die Abende gemeinsam am Küchentisch und hörte zu, wie Eltern, Großeltern oder Freunde aus ihrem Leben erzählten. Heutzutage tun wir dies kaum noch. Wir verstecken uns und unsere Geschichten hinter dem Handy. Dabei wird es wieder Zeit, eigene Geschichten zu erleben und dem Leben als unserem Meister Zutritt zu gewähren.

Mittlerweile werden wir alle manipuliert von einseitigen Berichterstattungen, gelenkten Meinungen, einer rasanter werdenden Fahrt durch eine Schweigespirale und vorgegebene Wünsche, die das Internet aus dem ableitet, was wir als Letztes im Netz gesucht haben.

Vor Kurzem sprach ich mit einer jungen Frau. Wir hatten gemeinsam an einem Projekt mitgearbeitet, und kurz nachdem es abgeschlossen war, starb der Projektleiter. Wir telefonierten, und sie meinte zu mir: »O Mann! Ich habe die letzten fünf Jahre so viele Serien geschaut und so wenig Leben gelebt. Das Gleiche darf ich in fünf Jahren nicht noch einmal sagen!«

Wenn wir nicht aufpassen, klopft der Tod an unsere Tür, und wir haben vollkommen vergessen, unsere eigene Lebensgeschichte zu leben, zu weben, zu erzählen. Wenn wir nicht aufwachen, werden wir Teil einer düsteren Geschichte, in der wir unsere Einzigartigkeit abgeben und uns einer Steuerung durch Internet, Medien und Regierungen überlassen.

Das Leben aber möchte, dass wir uns auf unsere eigene, individuelle Heldenreise begeben. Es möchte, dass wir erwachen zu dem, was wir im tiefsten Inneren sind: unsere eigene Meisterin, unser eigener Meister! Buddha hat es nach seiner Erleuchtung sehr treffend formuliert: Sei dir selbst ein Licht!

Und eine weitere Erkenntnis, die er nicht müde wurde zu vermitteln: Jeder von uns besitzt die Buddha-Natur!

Das Leben als unser Meister stupst uns mit seinen Lektionen auf unserem Weg zu unserer eigenen Meisterschaft mal sanft, mal ungnädiger voran. Es hat keine bösen Absichten mit uns. Alles, was es möchte, ist, dass wir realisieren, dass wir am Ende die Meisterschaft erlangen können, sollen und dürfen. Manchmal dauert es eine Weile, bis wir dies verstehen. Wir fühlen uns stattdessen vom Leben vergessen oder mit Füßen getreten, wenn uns etwas passiert, was nicht in den von uns erdachten Lebenslauf passt. Dabei vergessen wir, dass das Leben uns liebt. Manchmal erkennen wir auch nicht sofort, was es uns beibringen möchte. Aber wenn wir innehalten und ihm zuhören oder einmal genauer hinschauen, welche Geschichten sich wie ein roter Faden durch unser Leben ziehen, dann werden wir erkennen, welche Lektionen zu lernen sind.

Die meisten Lektionen lenken uns in eine bestimmte Richtung. Sie möchten uns zu unserem inneren Kern führen, zu unserm wahren Wesen. Denn es gibt noch etwas in uns, das sich jenseits des inneren Kritikers befindet. Aus einer höheren Warte betrachtet, möchten uns alle Weisheitsgeschichten zeigen, wer wir hinter all unseren Rollen sind. Sie möchten uns vor Augen führen, warum wir in eine bestimmte Familie hineingeboren wurden, was unsere Berufung ist, wieso wir in einer bestimmten spirituellen Gemeinschaft oder einer Berufsgruppe landen oder in einem ganz bestimmten Land wohnen. All die Geschichten möchten, dass wir aufwachen, dass wir uns und unser Leben, unsere Konditionierungen, unsere Vorstellungen und unsere Meinungen hinterfragen und erkennen, was uns trägt. Damit gemeint ist nicht die Eigentumswohnung, die Festanstellung und die Ehe, in der wir uns befinden. Damit gemeint ist etwas, das größer ist als wir und nicht in Worte gefasst werden kann. Unser Verstand kann es nicht begreifen. Dafür aber kann unser Herz es erkennen. Und nur das sieht, worum es tatsächlich geht.

Was sind Ihre Geschichten, die das Leben seit Anbeginn Ihres Daseins an Sie herangetragen hat? Oftmals sind es kleine Geschichten. Ereignisse, die wir als Kinder erlebt haben. Momente, die uns als Jugendliche berührt haben, als uns plötzlich ein Buch in die Hände fiel, das unsere Zukunft bestimmt hat, oder uns ein Kuss erreichte, der unser Leben in eine ganz neue Richtung gelenkt hat, obwohl unsere Pläne ganz anders waren.

Die Lektionen, die das Leben uns schickte, haben zahlreiche Bedeutungen. Wenn wir sie als Geschichten erzählen oder aufschreiben, werden wir sie im Laufe unseres Lebens auf ganz unterschiedliche Weise lesen und verstehen können. So kann es uns auch mit Weisheitsgeschichten aus anderen Kulturen und spirituellen Traditionen ergehen. Es sind Geschichten, die etwas in uns berühren. Manchmal können wir gar nicht in Worte fassen, was genau uns weinen oder lachen lässt, wenn wir sie lesen oder hören. Aber vielleicht ist Ihnen schon einmal aufgefallen, dass Sie ein und dieselbe Geschichte im Laufe vieler Jahre unterschiedlich interpretieren.

Wenn Sie Ihre eigenen Geschichten ohne Wertung und frei von der Leber weg aufschreiben und verstehen möchten, braucht es dazu Mut. Geschichten fordern uns immer auf, unseren Blick weit werden zu lassen. Und genau daraus können sich Konsequenzen für unser Leben, unsere Beziehungen und unsere Arbeit ergeben.

Sollte es Ihnen so vorkommen, dass Sie selbst keine großartigen Geschichten zu erzählen haben, dann hängt das möglicherweise damit zusammen, dass Sie nicht genau hinhören, was das Leben Ihnen sagen möchte. Jeder Mensch trägt Weisheitsgeschichten in sich, die es wert sind, erzählt zu werden. Jede und jeder trägt Geschichten in sich, und es wird Zeit, dass wir uns trauen, sie einander wieder zu erzählen. Am Küchentisch, am Lagerfeuer oder auf dem Dorfplatz. Wenn wir dies nicht tun, dann verpassen wir die Geschichten, die das Leben für uns bereithält, weil wir zu sehr mit dem Leben anderer beschäftigt sind. Wir fliehen aus dem gegenwärtigen Augenblick, indem wir uns in Gedanken oder im Internet verlieren, uns aus der Gegenwart und damit aus unserem eigenen Leben stehlen. Wir sind stundenlang auf Instagram und verbringen dort Zeit mit anderen. Wir sitzen mit ihnen auf einem Berggipfel, ohne auf dem Gipfel zu sitzen. Wir gehen mit ihnen auf einem Pilgerweg, ohne die eigenen Füße zu spüren. Es wird Zeit, den eigenen Rucksack zu packen und sich voller Neugierde aufzumachen, um sich vertrauensvoll vom Leben, unserem Meister, an die Hand nehmen zu lassen und unsere Lektionen zu lernen. Trauen Sie sich! Es lohnt sich!

ÜBUNG

Schreiben Sie Ihre eigene Weisheitsgeschichte

Bestimmt haben Sie in Ihrem Leben viele Momente gehabt, durch die Sie die umfassenderen Zusammenhänge Ihres Weges verstanden haben. Es waren sicherlich viele berührende Momente. Wie wär's, wenn Sie diese Momente und Erfahrungen in Form von kleinen Weisheitsgeschichten aufschreiben? Menschen lieben Geschichten.

Wann ist es endlich genug?!

»Man kann in Kinder nichts hineinprügeln, aber vieles herausstreicheln.«

ASTRID LINDGREN

Da es in unserer Familie viele Herzinfarkte gegeben hat, riet mir mein Hausarzt, eine Kardiologin aufzusuchen, um routinemäßig mein Herz untersuchen zu lassen. Diese diagnostizierte beginnenden Plaque in der Halsschlagader und forderte mich auf, im darauffolgenden Jahr wiederzukommen. Als Hausaufgabe gab sie mir mit auf den Weg, viel Cardiotraining zu machen und auf eine gesunde Ernährung zu achten. Ich hielt mich an ihre Empfehlung und kam ein Jahr später zu einer weiteren Untersuchung in ihre Praxis. Beim Abschlussgespräch meinte sie strahlend, dass das Plaque nicht zugenommen und ich überhaupt ein sehr gutes Ergebnis hätte. Meine Konstitution wäre meinem Alter entsprechend zu 98 Prozent gut.

Anstatt mich zu freuen, reagierte mein innerer Kritiker verärgert und meinte innerlich: »Wieso nicht 100 Prozent⸮!« Es dauerte einen Moment, bis ich realisierte, was da gerade ablief! Anstatt mich darüber zu freuen, dass ich immerhin zu 98 Prozent fit bin, maulte diese innere Stimme. Mit einem lachenden und einem weinenden Auge verließ ich die Praxis. Das lachende Auge war dankbar, dass ich eine so gute Gesamtverfassung habe. Das weinende Auge machte mir deutlich, dass mein innerer Antreiber nie zufrieden ist.

Auf dem Weg nach Hause fiel mir eine Geschichte des australischen Mönches Ajahn Brahm ein, der das Buch *Die Kuh, die weinte* geschrieben hat. Dort erzählt er auch, dass er einmal eine große Mauer gebaut hat. Ich glaube, sie bestand aus tausend Ziegeln. Zwei dieser Ziegel lugten ein bisschen hervor. Wirklich schlimm war es nicht, und anderen Menschen fiel es auch nicht sonderlich auf, aber dem Mönch selbst stachen diese beiden Ziegel immer wieder ins Auge. Es dauerte eine Weile, bis er den inneren Kritiker in sich selbst entlarvte und erkannte, wie ungnädig dieser mit ihm war – in Hinsicht auf diese zwei Ziegel und auch auf andere kleine Fehler, die er machte.

Ich selbst war dankbar darüber, dass er diese Geschichte geteilt hatte, und fühlte mich nicht mehr so allein. Die Lektion hatte ich gelernt, und danach war ich gnädiger mit mir und versuchte, die sprichwörtlichen Fünfe öfters grade sein zu lassen. Als mich eines Tages eine gute Freundin besuchte, die zwanzig Jahre älter und sehr, sehr fit ist, sprachen wir über unsere inneren Kritiker, und ich erzählte ihr die Geschichte von meinen 98/2 Prozent. Sie lachte laut und sagte: »Ach, da freue ich mich aber, denn ich war letzte Woche bei meinem Kardiologen, und er gratulierte mir dazu, dass ich viel fitter bin als die meisten Menschen und 105 Prozent Kondition für meine Altersgruppe besitze.« Kurz regte sich etwas in mir, aber bevor mein innerer Kritiker mich attackieren konnte, lachte ich mit meiner Freundin laut und herzhaft.

Übernimm dich nicht

»Das Vergleichen ist das Ende des Glücks und der Anfang der Unzufriedenheit.«

SÖREN KIERKEGAARD

Das 98/2-Prozent-Prinzip war mir beim Besuch meiner Kardiologin nicht neu, aber ich hatte es nicht bemerkt. Doch es gab ein paar markante Momente in meinem Leben, in denen ich unter dem Wunsch, hundertprozentig zu sein, sehr gelitten habe. Aber das passiert nicht nur mir. Als Seminarleiterin und Autorin begegnen mir immer wieder Menschen, die besonders spirituell sein möchten. Sie sind zielstrebig und leistungsorientiert und vergessen, dass der spirituelle Weg ein lebenslanger Pfad ist. Immer wieder treffe ich Menschen, die ihren Leistungsanspruch, den sie im Beruf an sich selbst oder andere haben, mit auf ihr Meditationskissen oder ihre Yogamatte mitnehmen. Sie verlangen meist sehr viel von sich. In meinen Augen sogar häufig zu viel. So wie ein Freund, um den es in dieser Geschichte geht.

Markus beschäftigt sich seit gut fünf Jahren intensiv mit dem Buddhismus. Er sieht in ihm die Lösung für all seine Probleme und meditiert regelmäßig. Sein Ziel ist es, so gelassen wie ein Buddha mit den Herausforderungen des Lebens umzugehen und immer in sich selbst zu ruhen. Auf einem unserer vielen Spaziergänge erzählte er mir, dass er große Schwierigkeiten mit seinem Vater hat. Die Liebe, die er in den Meditationen für alle Wesen empfindet, kann er nicht für seinen Vater aufbringen. Das macht ihm sehr zu schaffen. Er gestand mir, dass er seinen Vater in gewisser Weise sogar hassen würde, dafür dass er Alkoholiker ist und seit zehn Jahren Hartz IV bekommt. Ja, er würde sich für ihn schämen. Markus selbst ist beruflich sehr erfolgreich. Alles, was er anfasst, wird zu Gold.

Bei einem Spaziergang, es war nach einem einwöchigen Schweige-Retreat, das Markus gerade besucht hatte, war er frustriert darüber, dass er immer noch nicht in der Lage war, seinem Vater mit bedingungsloser Liebe zu begegnen. Dabei war er das ganze Retreat über vollkommen »in der Liebe« gewesen und auch die ersten Tage nach dem Retreat hätte er Liebe für alle Wesen empfunden. Aber dann, als er seinem Vater begegnete, war es, als wäre die Tür zur Liebe wieder zugegangen und er auf dem Boden der Tatsachen gelandet. Das machte ihn sehr traurig. Markus schaute mich an und meinte: »Ich möchte so gern, dass meine Buddha-Natur die Buddha-Natur meines Vaters wahrnimmt und wir einander vollkommen frei begegnen können.« Ja, er hasste sich regelrecht dafür, dass er nach fünf Jahren immer noch nicht so weit war.

In dem Moment realisierte ich, unter welchem Erfolgsdruck Markus stand. Ich fragte ihn, was er davon halten würde, sich selbst erst einmal mit Liebe zu begegnen und sein Herz für sich und für jenen Teil zu öffnen, der von seinem Vater verletzt, enttäuscht und verraten worden war. »Hol dich lieber da ab, wo du stehst.« Markus widmete sich danach in seiner Praxis mehrere Monate lang dem verletzten Kind in sich und nicht mehr der eigenen Buddha-Natur. Nach und nach konnte er sich für den Schmerz öffnen, den sein Vater ihm zugefügt hatte.

Auch wenn der Wunsch nachvollziehbar ist, dass wir spirituell so schnell wie möglich Fortschritte machen und am besten gleich die Erleuchtung erlangen wollen, so kann ein solcher Wunsch eine maßlose Überforderung für den Menschen in uns sein. Ich erlebe in meinen Kursen immer wieder, dass sich einige manchmal schon damit überfordern, wenn sie dreißig Minuten am Tag meditieren wollen oder ein Seminarleiter ihnen aufträgt, dies zu tun. Die wenigsten Menschen sind heute in der Lage, so lange still zu sitzen. Weniger ist hier manchmal mehr. Ich habe mit vielen Teilnehmenden in persönlichen Gesprächen eine für sie passende Meditationspraxis herausgearbeitet. Manche waren schon überglücklich, wenn sie in der Lage waren, eine fünf- bis zehnminütige Meditation in Stille allein durchzuführen. Sie arbeiteten sich dann langsam zu zehn oder zwanzig Minuten in Stille voran.

Zu schnell vergessen wir, dass Achtsamkeit dort anfängt, wo Bequemlichkeit aufhört. Unser innerer Schweinehund und unser innerer Saboteur sind nicht wirklich daran interessiert, dass wir täglich vierzig Minuten in Stille sitzen. Es braucht viel Geduld, ein offenes Herz und viel Liebe sich selbst gegenüber, um auf dem eigenen spirituellen Weg dranzubleiben.

ÜBUNG
Zum Buddha werden

In besonders schwierigen Zeiten oder in Phasen, in denen man innerlich sehr an sich zweifelt, ist es hilfreich, sich innerlich Unterstützung zu holen. Sie können den Buddha anrufen, Jesus um Hilfe bitten oder irgendein anderes Wesen, das für Sie Weisheit, Gleichmut und bedingungslose Liebe repräsentiert. Denn manchmal sind wir so gestresst oder außer uns, dass es kaum funktioniert, unseren Geist zu beruhigen oder uns mit der Stille in uns zu verbinden. Die folgende Meditation, von Thich Nhat Hanh inspiriert, hat mich und viele meiner Teilnehmer in schwierigen Zeiten immer wieder darin unterstützt, sich nicht zu überfordern. Manchmal ist der Geist einfach viel zu unruhig, und dann sind wir kaum in der Lage, uns auf den Atem zu konzentrieren.

Sollten Sie sich also in einer Situation befinden, in der Sie sich überfordert oder allein fühlen, dann können Sie zum Beispiel Buddha oder Tara, eine große weibliche buddhistische Wesenheit, um Hilfe und Unterstützung bitten. Bitten Sie ihn oder sie, Ihnen innerlich beizustehen. Sie können sich vorstellen, dass Buddha hinter Ihnen steht und Ihnen stärkend seine Hand auf die Schulter legt. Sie können sich aber auch vorstellen, dass Sie durch diese Berührung selbst zum Buddha werden. Lassen Sie dann den Buddha in sich atmen. Lassen Sie den Buddha in sich gehen. Lassen Sie den Buddha in sich ruhen. Genießen Sie den Atem. Genießen Sie das Gehen. Genießen Sie das Ruhen.

Wenn diese Übung nicht auf Anhieb klappt, seien Sie nicht ungeduldig, und machen Sie sich keine Vorwürfe. Selbst der Buddha hat viele Inkarnationen gebraucht, um zu erwachen.

ÜBUNG
Auf das schauen, was hinter uns liegt

Häufig schauen wir mit den Augen des inneren Kritikers auf das, was wir auf unserem spirituellen Weg »falsch« machen. Wir verurteilen uns, wenn wir unfreundlich sind, und ärgern uns darüber, dass es uns nicht gelingt, vierundzwanzig Stunden lang in jedem Moment achtsam zu sein. Einen Rotweinkater gönnen wir uns schon lange nicht mehr, und wir gehen hart mit uns ins Gericht, wenn wir nicht jeden Tag auf der Yogamatte üben. Dabei würdigen und wertschätzen wir viel zu selten das, was wir auf unserem Weg bereits erreicht haben. Wir sehen nicht, dass wir nicht mehr rauchen, uns weniger in Dramen verlieren und den eigenen Gedanken nicht mehr alles glauben. Wir anerkennen auch nicht, dass unsere Atmung tiefer geworden ist und wir überhaupt mehr Pausen machen und weniger Stress in unser Leben lassen.

Nehmen Sie sich Zeit, um Ihren Fortschritt auf dem spirituellen Weg anzuerkennen. Nehmen Sie wahr, wo Sie heute im Vergleich zu den letzten fünf oder zehn Jahren stehen. Welche positiven Veränderungen nehmen Sie im Umgang mit sich selbst wahr? Wie gehen Sie heute mit Ihrem Körper um? Wie achtsam sind Sie hinsichtlich Ihrer eigenen Bedürfnisse und Grenzen geworden? Wie sehr haben sich Ihre Beziehungen verändert? Schauen Sie auf das, was Sie heute anders, achtsamer und gelassener machen.

10 x 8

»Der Gebildete treibt die Genauigkeit nicht weiter, als es der Natur der Sache entspricht.«

ARISTOTELES

Der innere Kritiker zeigt sich in zahlreichen Facetten. Auch die folgende Geschichte macht deutlich, wie omnipräsent er ist: Ein Professor der Mathematik, der sehr geschätzt wurde, kam für eine Vorlesung in seinen Hörsaal. Er ging zur Tafel und sagte: »Heute möchte ich Ihnen gern eine besondere Formel vorstellen.« Er nahm die Kreide und begann zu schreiben:

1 x 8 = 8

2 x 8 = 16

3 x 8 = 24

4 x 8 = 32

5 x 8 = 40

6 x 8 = 48

7 x 8 = 55

8 x 8 = 64

9 x 8 = 72

10 x 8 = 80

Nachdem der Professor »7 x 8 = 55« hingeschrieben hatte, begannen die Studierenden im Raum zu tuscheln und zu lachen. Die Unruhe, das Rascheln und Kichern wurden immer lauter. Als der Professor zu Ende geschrieben hatte, drehte er sich um und sah die jungen Leute an. Das Kichern verstummte, und er sagte: »Wahrscheinlich amüsieren Sie sich darüber, dass ich 55 statt 56 geschrieben habe. Vielleicht haben Sie sich mit Ihrem Nachbarn auch schon über mich lustig gemacht.

Anstatt dass Sie wertschätzen, dass ich neun Rechnungen richtig vorgenommen habe, amüsieren Sie sich über den einen Fehler, den ich gemacht habe, und bewerten mich daran. So ist unsere Gesellschaft. Wir schauen nicht auf das, was wir gut machen, wir unterstützen bei unseren Mitmenschen nicht, was ihre Talente ausmacht, sondern schauen immer nur auf den einen Fehler.« Als er den Hörsaal verließ, konnte er an den Gesichtern vieler Studierender ablesen, dass sie die Lektion verstanden hatten.

ÜBUNG
Was sehe ich?

Wie gehen Sie mit Ihren eigenen Fehlern um und denen Ihrer Mitmenschen? Ist Ihr innerer Kritiker gnadenlos, sobald Sie sich verrechnen? Werten Sie andere in Ihrem Umfeld schnell ab, wenn sie einen Fehler machen? Wie wär's, wenn Sie auf das schauen, was Sie und andere Menschen richtig machen? Wenn Sie mögen, können Sie dazu die folgende Übung praktizieren: Suchen Sie sich täglich einen Menschen in Ihrem Umfeld, mit dem Sie sich schwertun. Vielleicht gibt es jemanden, dessen Aussehen Ihnen nicht gefällt oder der ein Verhalten an den Tag legt, das Ihnen widerstrebt. Probieren Sie, ob Sie nicht doch irgendetwas an ihm finden können, was ihn auszeichnet.

ÜBUNG

Positive Bilanz am Ende des Tages

Diese kleine Reflexionsübung können Sie gut machen, wenn Sie einen besonders strengen inneren Kritiker haben. Vielleicht achtet er primär auf das, was Ihnen nicht gelungen ist oder was noch fehlt. Ein solcher Kritiker nagt natürlich sehr am Selbstvertrauen. Nehmen Sie sich deshalb abends immer wieder Zeit, um den Tag Revue passieren zu lassen. Achten Sie dabei auf die Augenblicke, in denen Sie etwas Gutes getan haben oder in denen Sie besonders achtsam oder liebevoll mit sich selbst waren. Schauen Sie auf das, was Ihnen gelungen ist. Und loben Sie sich dafür.

Das Kissen, das Herz und die Geduld

»Ich möchte dich nicht reparieren.
Ich möchte dir keine Antworten geben.
Ich möchte dich nicht beeindrucken.
Ich möchte nicht, dass du dich änderst.
Ich will dir nur begegnen,
genauso wie du bist,
jenseits deiner Geschichten,
deiner Hoffnungen und Träume,
deiner Spiele, deiner Masken,
hier und jetzt.«

JEFF FOSTER

Genau das, was Jeff Foster in seinem Gedicht beschreibt, wünscht sich unser Meditationskissen von uns. Bei mir hat es lange gedauert, bis ich verstanden habe, dass es bei der Meditation darum geht, mich mit allem zu zeigen. Mich mit allem anzufreunden. Mich mit allem zu versöhnen. Mich nicht zufriedenzugeben mit einem spirituellen Wohlfühlbereich, in dem man sich mental gern niederlässt.

Rückblickend verstehe ich heute, warum ich mich lange schwer damit getan habe, mich auf dem Kissen so richtig niederzulassen, mich so richtig wohlzufühlen und mich so richtig einzulassen. Das hatte weniger mit meinem Willen zu tun, sondern vielmehr mit traumatischen Erfahrungen, die in der Stille hochkamen. Bedingt durch verschiedene Entwicklungstraumata hatte ich viele Jahre in der Meditation primär mit einer starken inneren Unruhe zu kämpfen. Da traumatische Erfahrungen abgespalten werden, war mir mein Verhalten nicht bewusst. Überhaupt hat das Thema Trauma und Meditation erst in den letzten Jahren mehr Aufmerksamkeit erhalten. Aber das ist eine ganz andere Geschichte.

Ganz davon abgesehen hatte ich viele Jahre lang eine vollkommen falsche Vorstellung von der Meditation. Buddha-Statuen hatten mich immer sehr beeindruckt, weil da jemand in einer aufrechten Haltung vollkommen in sich ruhte. Von den inneren Kämpfen und Qualen, die Buddha über viele Jahre durchgemacht hatte, wusste ich nichts. Ich hatte eine sehr romantisch-verklärte Vorstellung von der Meditationspraxis, dem spirituellen Weg und dem Leben an sich. Dementsprechend ging ich davon aus, dass Meditation darin besteht, einfach nur still auf einem Kissen zu sitzen. Und dass dieses Einfach-nur-still-auf-dem-Kissen-Sitzen automatisch beinhaltet, dass es dann auch gleichzeitig still wird in meinem Kopf. Dass wahre Meditation da anfängt, wo Bequemlichkeit aufhört, lernte ich erst mit der Zeit.

Mittlerweile weiß man, dass Meditation nicht unbedingt für jeden Menschen gut ist. Beziehungsweise dass es wichtig ist, die Meditationspraxis an die Individuen anzupassen. Es gibt Menschen, die stark so traumatisiert sind, dass eine stille Meditationspraxis kontraproduktiv für sie ist. Sie brauchen andere Praktiken als jemand, der aus einem behüteten Haus kommt, geliebt wurde und von Natur aus in sich ruht. Genauso braucht ein depressiver Mensch eine andere Meditation als jemand, der sehr aktiv in Körper und Geist ist. Es ist nicht erstaunlich, dass 80 Prozent der Menschen, die mit der Meditation beginnen, nach kurzer Zeit wieder aufhören, weil sie das Gefühl haben, dass Meditation nicht zu ihnen passt. In meinen Kursen habe ich immer wieder traumatisierte Menschen. Sie waren mit vierzigminütigen Meditationen vollkommen überfordert und bereits froh, wenn es ihnen gelang, sich fünf Minuten auf den eigenen Atem zu konzentrieren. Andere waren bereits damit überfordert und irgendwann später schon glücklich, wenn sie ihre Aufmerksamkeit drei Atemzüge lang halten konnten.

Erst mit den Jahren und zunehmender spiritueller Praxis habe ich für mich erkannt, dass es sich mit dem spirituellen Weg verhält wie mit der Schule. Wir kommen um das »kleine Einmaleins« nicht herum und können nicht in der Meisterklasse einsteigen. Wir müssen erst das Abc lernen, bevor wir Romane schreiben können. Das Abc der Meditation beginnt mit A wie »Atmen« – was bedeutet, den eigenen Atem kennen und lieben zu lernen. Es geht weiter mit B – mit dem Bewusstsein für die eigenen Gedanken, Gefühle und Körperempfindungen. Das Abc geht weiter mit C – es fordert uns auf, großen und kleinen Challenges mit heiterer Gelassenheit zu begegnen. Und damit gemeint ist auch, die eigenen Schattenseiten genauso zu lieben wie das eigene göttliche Licht. Es bedeutet, dass wir bereit sind, die innere Arbeit genauso vorzunehmen wie das Putzen der Schuhe, den täglichen Abwasch oder das Aufräumen des Kellers. Wer hier oberflächlich vorgeht, wird sich selbst auch nur oberflächlich kennenlernen. Wer gründlich ist, wird sich in der Tiefe begegnen. Ein Lehrer hat einmal gesagt: »Wer wenig übt, wird wenig ernten. Wer viel übt, wird viel ernten.« Auch mit dem Erlernen eines Instruments ist der spirituelle Weg vergleichbar. Wenn wir es nicht von Grund auf lernen, werden wir es nie wirklich beherrschen. Und wenn wir nicht regelmäßig üben, werden wir nicht wirklich Fortschritte machen.

Wenn wir uns auf den spirituellen Weg einlassen und unsere spirituelle Praxis als unsere große Meisterin betrachten, geht damit ein wirkliches, tiefes Einlassen einher. Das heißt, dass wir eine innere Einstellung kultivieren, die diesen Prozess unterstützt. Diese innere Haltung ist von zentraler Bedeutung für unseren Fortschritt auf unserem Weg. Dieser Weg ist wie der Acker, auf den wir die Samen der Fähigkeit pflanzen, sich nicht von jedem Gedanken, jedem Gefühl und jeder Körperempfindung davon ablenken zu lassen, sich auf das Meditationskissen zu setzen. Die innere Haltung ist entscheidend dafür, womit wir unseren Acker düngen. Düngen wir ihn nicht mit Nahrhaftem, das heißt, bringen wir nicht genügend Energie und Disziplin auf, wird es auf Dauer schwierig sein, inneren Frieden und innere Ruhe zu finden. Und wenn unser innerer Kritiker über unsere Meditationspraxis wacht, kann schnell eine überhöhte Erwartung entstehen. Die Erwartung, dass jedes Mal etwas Besonderes passieren muss. Die Erwartung, dass sich sofort Erfolge einstellen müssen. Und die Erwartung, dass die Probleme in unserem Leben exponentiell zur Dauer unserer Meditationspraxis abnehmen müssen. Wenn all das nicht in kürzester Zeit passiert, könnte genau das Gegenteil geschehen und sich die Schlussfolgerung einschleichen, dass Meditation nichts für uns ist.

Düngen wir unseren Acker hingegen mit Geduld, Zuversicht, Achtsamkeit, Selbstmitgefühl und Wertschätzung, dann werden wir mit der Zeit lernen, uns selbst auszuhalten – egal, was sich während der Meditation zeigt. Wenn wir es wirklich tun, dann bedeutet diese Art des Einlassens, dass wir bereit sind, für den Rest unseres Lebens offen zu bleiben. Dass wir bereit sind, uns immer wieder neu zu orientieren, nachdem das Leben die Prüfungsfrage geändert hat. Dass wir bereit sind, innezuhalten und auszusteigen aus dem Hamsterrad der Gewohnheiten, sobald wir bemerken, dass unser Leben im Modus des Autopiloten hängen geblieben ist. Dass wir bereit sind, den Blick des Anfängers zu behalten, während gleichzeitig das Wissen über die Verbundenheit mit allem und die Vergänglichkeit von allem zunimmt.

Auf dem Meditationskissen ist der Körper unsere Ausgangsbasis, und unser Herz ist Kompass und Ziel zugleich. Folgen wir unserem eigenen Herzen, schützt es uns davor, dass wir uns verlaufen. Doch den Weg zum Herzen können wir nicht denken. Wir können ihn nur mit dem Herzen selbst gehen. Es ist so ähnlich wie mit dem Glück: Es gibt keinen Weg zum Glück. Glücklich zu sein ist der Weg. Wenn Sie sich im Alltag nach innerem Frieden, Gelassenheit, Klarheit und Zuversicht sehnen, dann folgen Sie in der Meditation Ihrem Herzen. Das Leben, Ihr Meister, wird alles Mögliche tun, damit Sie schnellstmöglich zu ihm finden.

Das entsprechende Zauberwort lautet hier »Dranbleiben«. Nur durch die regelmäßige Praxis auf dem Kissen lernen wir uns wirklich kennen. Es kann gut sein, dass wir das Meditationskissen oder die Yogamatte eine Zeit lang gegen den Stuhl bei einem Psychotherapeuten eintauschen müssen, um tiefe Verletzungen aus der Kindheit aufzuarbeiten. Aber wer das Leben als eine Schule begreift, in der es darum geht, zur Meisterschaft über sich selbst zu gelangen, der wird erkennen, dass auch dies zum Weg dazugehört. Der wird erfahren, dass sich das eigene Herz immer mehr öffnet und der Geist immer wacher wird. Und der wird einfach dranbleiben, ohne übertriebenen Ehrgeiz und ohne Leistungsanspruch.

Meistens setzen wir uns erst dann regelmäßig auf unser Kissen, wenn es knirscht im Getriebe unseres Lebens. Erst in Krisen hinterfragen wir unser Verhalten, reflektieren gescheiterte Beziehungen und überlegen, warum wir in einer Sackgasse gelandet sind, warum wir finanzielle Probleme haben, warum es uns gesundheitlich schlecht geht oder warum wir den Sinn im Leben verloren haben. Ausgelöst durch Krisen bemühen wir uns, uns selbst, das Leben und unsere Rolle darin besser zu verstehen. Wir beginnen mit einer spirituellen Praxis, treiben Sport und versprechen uns selbst und unserer Umwelt dranzubleiben, uns besser um unseren Körper zu kümmern, schlechte Gewohnheiten loszulassen und solche zu etablieren, die uns inneren Frieden schenken. Aber sobald es uns wieder besser geht, besteht die Gefahr, dass wir vergessen, was wir uns selbst in der dunklen Nacht der Seele versprochen haben. Wir tauschen das Meditationskissen wieder gegen eine Gewohnheit, die uns von uns selbst wegbringt. Bis zur nächsten Krise – und die kann uns heute erwarten, nächstes Jahr oder spätestens im nächsten Leben.

Wir tun also gut daran, einfach dranzubleiben. Nein. Stopp. Ich möchte es anders formulieren. Meiner eigenen Erfahrung nach ist es besser, wenn wir immer wieder anfangen. Denn wirklich dranbleiben, das tun nur die wenigsten. Aber wenn wir immer wieder anfangen – und das natürlich am besten täglich –, dann werden wir Schritt für Schritt weiterkommen auf unserem Weg. Dann werden wir mit der Zeit auch erkennen, dass das Leben kein gnadenloser Feind ist, sondern ein Meister, der uns zum Ziel unseres Weges bringen möchte: über unser eigenes Herz zur uns innewohnenden unsterblichen eigenen Quelle zu gelangen.

Etablieren Sie eine regelmäßige und strukturierte Meditationspraxis. Suchen Sie sich kleine und große Meister, die Ihnen ein paar Schritte voraus sind. Achten Sie darauf, dass diese Meister *Sie* sehen und Ihnen nicht irgendwelche allgemeinen Konzepte überstülpen. Seien Sie wach, offen und achtsam für die Tendenzen Ihres inneren Kritikers, der gar nicht so sehr daran interessiert ist, dass Sie sich von ihm befreien und innere Klarheit, Selbstvertrauen, Ruhe, Zuversicht und Gelassenheit entwickeln. Lassen Sie sich nicht von ihm einreden, dass Meditation nichts für Sie ist. Fangen Sie einfach immer wieder neu an. Ein Lehrer von mir pflegte zu sagen: »Du musst nicht gern meditieren, sondern du musst es einfach nur tun.« Dieser

Hinweis war auf meinem spirituellen Weg eine der wichtigsten Empfehlungen überhaupt. Und diese gebe ich gern an Sie weiter.

ÜBUNG
Einfach sitzen

»Es einfach tun«, sagt auch Jon Kabat-Zinn. Sollten Sie Lust haben, inspiriert durch dieses Buch mit der eigenen Meditationspraxis zu beginnen oder diese zu vertiefen, dann können Sie sich gern an den folgenden Anleitungen orientieren. Ziehen Sie sich für eine tägliche Meditation am besten jeden Tag zur gleichen Uhrzeit zurück. Entscheiden Sie dann, ob Sie fünf, zehn, zwanzig oder dreißig Minuten in Stille sitzen und meditieren wollen. Achten Sie darauf, dass Sie sich dort abholen, wo Sie sind. Damit gemeint ist, dass Sie sich nicht überfordern. Sollten Sie eher ungeduldig sein, dann werden möglicherweise zehn Minuten Meditation für den Anfang vollkommen ausreichend sein. Sollten Sie sich bereits nach fünf Minuten langweilen oder sich unruhig fühlen, dann fangen Sie mit fünf Minuten an.

Beginnen Sie damit, dass Sie Ihren Atem beobachten oder die Atemzüge zählen. Passen Sie die Meditation Ihrem eigenen Typ an. Seien Sie kreativ, und schauen Sie, womit Sie sich leichttun. Machen Sie sich bewusst, dass es keine richtige oder falsche Meditation gibt, auch keine gute oder schlechte Achtsamkeitspraxis. Lassen Sie einfach alles da sein, während Sie auf Ihrem Kissen sitzen, ohne es großartig zu bewerten. Seien Sie mit allem, was ist. Vertrauen Sie sich dabei ganz Ihrem Kissen an. Vielleicht möchten Sie sich sogar vor oder nach der Meditation vor Ihrem Kissen (oder auch Ihrem Meditationsbänkchen) verneigen. Auch Ihr Kissen ist Ihr Zeuge, Ihr Freund, Ihr Lehrer.

Atemmeditation

Nehmen Sie sich zu Beginn den eigenen Atem als Meditationsobjekt. Wenn es Ihnen gelingt, dann beobachten Sie ihn einfach. Wenn Sie jemand sind, der lieber aktiv ist, dann zählen Sie die Atemzüge. Von eins bis zehn. Und wieder von vorn. Bleiben Sie für vier Wochen bei dieser Praxis, und beobachten Sie, was passiert, wenn Sie sich auf diese Weise strukturieren und von der Umwelt zurückziehen. Versuchen Sie das, was Sie wahrnehmen, als kostbare Erkenntnis über sich selbst einzuordnen. Vielleicht werden Sie mit der eigenen Unruhe konfrontiert. Vielleicht erkennen Sie, wie laut es in Ihrem Kopf ist. Bleiben Sie dran.

Gedankenmeditation

Fahren Sie dann fort, und konzentrieren Sie sich in den nächsten Wochen Ihrer Praxis weiterhin auf Ihren Atem. Wenn sich Gedanken melden, benennen Sie diese mit: »Denken. Denken.« Bleiben Sie auch hier ein paar Wochen dran. Dehnen Sie die Zeit für Ihre Meditation aus. Nehmen Sie wahr, was Sie denken. Registrieren Sie, wie häufig Sie das Gleiche denken. Öffnen Sie sich dafür, dass Sie häufig bewerten, planen, grübeln oder sich in Gedanken verlieren. Seien Sie offen und wachsam, ohne zu bewerten, was Sie wahrnehmen.

Gefühle und Körperempfindungen

Machen Sie auch die Gefühle und Körperempfindungen zum Mittelpunkt Ihrer Meditation. Versuchen Sie, alles da sein zu lassen und nichts daraus zu machen. Und lassen Sie auch nichts weg. Wahre Meisterschaft beginnt erst dann, wenn wir unsere Körper beseelen und von hier aus das Leben leben.

Es hört nie auf

»Die Geschichte lehrt andauernd.
Aber sie findet keine Schüler.«

INGEBORG BACHMANN

Auch wenn Sie am Ende dieses Buches angekommen sind, so werden die Lektionen, die Sie weiterhin in Ihrem persönlichen Leben erwarten, nicht aufhören. Wo auch immer das Leben Sie lehrt, freuen Sie sich darüber. Wann auch immer die nächste Lektion auf Sie wartet, können nur Sie selbst erkennen. Auf dem Meditationskissen, der Yogamatte oder in einem Meditations-Retreat mit sich selbst in Kontakt zu kommen ist eine Sache. Im Alltag seine spirituellen Erkenntnisse zu sammeln eine andere. Damit gemeint ist, dass wir zu jeder Zeit die Möglichkeit haben, etwas zu lernen. Besonders im Alltag bekommen wir tagtäglich viele Gelegenheiten, weiterzukommen und achtsamer zu werden, um so unsere eigenen Gedanken und Handlungen mitten im Leben bewusster wahrzunehmen. Gleichzeitig bietet uns die Achtsamkeit die Möglichkeit, zu erkennen, wo wir in unserem Alltag besonders unachtsam, das heißt zum Beispiel besonders wertend sind.

Vielleicht haben Sie durch das Lesen dieses Buches realisiert, dass auch Sie umgeben sind von zahlreichen wunderbaren Meistern und Meisterinnen. Möglicherweise haben Sie erkannt, dass Ihnen Ihr Guru oder Ihre Meisterin viel näher ist, als Sie meinen. Vielleicht ist es Ihr Partner, der sich wieder einmal nicht festlegen will, ob er Weihnachten mit zu den Schwiegereltern fährt, oder ist es Ihre Ehefrau, die Sie von einem Geschäft in das nächste zerrt, weil sie nicht genug vom Shoppen bekommt und Ihren inneren Kritiker durch ihr Verhalten auf die Palme bringt. Vielleicht ist es aber auch Ihr Arbeitskollege, der die Maßnahmen zur Bekämpfung der Corona-Pandemie als überzogen oder als zu wenig weitgehend einschätzt. Anstatt hier zum Beispiel mit Wut oder Vorwürfen zu reagieren, stellen solche Situationen eine gute Möglichkeit dar, Mitgefühl, Gelassenheit und Achtsamkeit zu entwickeln, innenzuhalten und sich zu fragen, welcher Teil in Ihnen gerade getriggert wird. Wenn Sie sich dann innerlich von dem inneren Kritiker, der mal wieder mit der Brille des Besserwissers, des Hochmütigen, der Lehrerin, des Opfers oder des inneren Gutmenschen auf die Welt schaut, distanzieren können,

können Sie versuchen, einmal ganz anders auf diese Situation zu reagieren: achtsam, mitfühlend und wohlwollend. Dabei wünsche ich Ihnen – und auch mir immer wieder – die nötige Weitsicht, eine große Portion Humor und die Fähigkeit, über sich selbst zu lachen.

Situationen, in denen ich üben kann, bietet mir das Leben genug. Genauer gesagt schenkt es mir jeden Tag eine vierundzwanzigstündige spirituelle Praxis und schickt mir viele kleine und große Buddhas als Übungsobjekt. Die einzige Bedingung, die diese Praxis an mich stellt, ist, dass ich die Augen öffne, mein Herz weite und achtsam bin für alles, was sich mir innerlich und äußerlich zeigt. Diese Achtsamkeit und Offenheit dem Leben gegenüber und allen, die mir darin begegnen, zu entwickeln ist die Aufgabe. Die Situationen selbst zeigen mir, wann mein Geist von Konzepten, Vorstellungen, Erwartungen und Enttäuschungen geprägt ist und ob ich bereit bin, diese hinter mir zu lassen und mich achtsam, wertfrei und für denjenigen zu öffnen, der sich mir gerade zeigt. Ganz egal, ob dieser Mensch Mundgeruch oder Löcher in den Socken hat, mir den Parkplatz wegnimmt, zu einer Partei gehört, die ich niemals wählen würde, oder einen Mundschutz selbst dann trägt, wenn weit und breit kein anderer Mensch zu sehen ist. Aber manchmal sind es nicht nur Menschen, die uns darin unterstützen, unsere Lektion zu lernen, sondern auch kleine Bastkörbe, die an den Strand geschwemmt werden.

Wer oder was uns als Meister dient, will uns unsere Augen öffnen. Für die Wunder der Welt. Für die Magie des Daseins. Für den Zauber des Augenblicks.

Was für ein Geschenk, dieses verrückte, schöne Leben!
Viel Spaß weiterhin damit wünscht Ihnen Ihre

Doris Iding

Literatur

Altmann, Andreas: *Triffst du Buddha, töte ihn. Ein Selbstversuch.* Dumont 2010

Altmann, Andreas: *Leben in allen Himmelsrichtungen. Reportagen.* Piper 2019

Altmann, Andreas: *Gebrauchsanweisung für das Leben.* Piper 2017

Allione, Tsültrim: *Den Dämonen Nahrung geben. Buddhistische Techniken zur Konfliktlösung.* Goldmann 2009, 4. Auflage

Ash, Mel: *Das Zen der Gesundung. Spirituelle und therapeutische Techniken auf dem Weg von Abhängigkeit zur Freiheit.* Knaur 1997

Ayya Khema: *Die Ewigkeit ist jetzt. Buddhas Lehre lebensnah erfahren und inneren Frieden finden.* O. W. Barth 1998

Bandelow, Borwin: *Das Angstbuch. Woher Ängste kommen und wie man sie bekämpfen kann.* Rowohlt 2006

Baraz, James/Alexander, Shoshona: *Freude.* Nymphenburger 2010

Batchelor, Martine: *Innere Grenzen sprengen. Verhaltensmuster verändern und Gewohnheiten loslassen.* MensSana 2009

Bayat, Mojdeh: *Geschichten aus dem Land der Sufis.* Spirit Fischer 1998

Bays, Jan Chozen: *Achtsam durch den Tag. 53 federleichte Übungen zur Schulung der Achtsamkeit.* Windpferd 2012

Beck, Charlotte Joko: *Zen im Alltag.* MensSana 2005

Berzin, Alex: *Zwischen Freiheit und Unterwerfung. Chancen und Gefahren spiritueller Lehrer-Schüler-Beziehungen.* Theseus 2002

Bottini, Oliver: *Das große O.-W.-Barth-Buch des Buddhismus.* O. W. Barth 2004

Chang Garma C. C.: *Die buddhistische Lehre von der Ganzheit des Seins. Das holistische Weltbild der buddhistischen Philosophie.* O. W. Barth 1989

Chödrön, Pema: *Geh an die Orte, die du fürchtest.* Arbor 2001

Cleary, Thomas: *Zen-Geschichten. Begegnung zwischen Schülern und Meistern.* Diederichs 1993

Dalai Lama: *Zuflucht zur Geduld. Worte für alle Tage.* Diederichs 2009
Drukpa Rinpoche: *Tibetische Weisheiten.* dtv 1999
Ennenbach, Matthias: *Praxisbuch Buddhistische Psychotherapie. Konkrete Behandlungsmethoden und Anleitung zur Selbsthilfe.* Windpferd 2012
Ennenbach, Matthias: *Buddhistische Psychotherapie. Ein Leitfaden für heilsame Veränderungen.* Windpferd 2010
Epstein, Mark: *Gedanken ohne den Denker.* Spirit Fischer 1998
Föllmi, Danielle und Oliver: *Die Weisheit Asiens. Tag für Tag.* Knesebeck 2003
Griffith, Ennea Tess: *Geschichten zur Erleuchtung. Der spirituelle Weg in Geschichten.* Farren Bel 2000
Hanson, Rick/Mendius, Richard: *Das Gehirn eines Buddha. Die angewandte Neurowissenschaft von Glück, Liebe und Weisheit.* Arbor 2011
Hanson, Rick/Mendius, Richard: *Meditationen, um das Gehirn zu verändern. Wie wir unsere Nervenbahnen neu verdrahten.* Windpferd 2009
Han Shan: *Wer loslässt, hat beide Hände frei.* Lübbe 2011
Han Shan: *Achtsamkeit. Die höchste Form des Selbstmanagement.* Trinity 2012
Helmink, Eveline: *Handbuch für miese Tage. Ohne Ab kein Auf. Wie uns die unglamourösen Tage weiterbringen.* Irisiana 2020
Hesse, Hermann: *Siddhartha. Eine indische Dichtung.* Suhrkamp 1972
Horn, Klaus P.: *Die Erleuchtungsfalle. Vom Sinn und Unsinn spiritueller Suche.* Connection Medien 1997
Iding, Doris: *Achtsam in drei Atemzügen.* Irisiana 2018
Iding, Doris: *Alles ist Yoga. Weisheitsgeschichten aus dem Yoga.* Schirner 2009
Iding, Doris: *Buddha fürs Büro.* Irisiana 2014
Iding, Doris: *Der kleine Achtsamkeitscoach.* GU 2012
Iding, Doris: *Die Kraft des Waldes.* Delphin 2019
Iding, Doris: *Dir muss nicht bang sein. Weisheiten über Leben und Tod.* Kösel 2004

Iding, Doris: *Quellen der Heilung. Gespräche mit spirituellen Lehrern, Ärzten und Heilern.* Theseus 2012
Iding, Doris: *Rituale fürs Alleinsein. Wege zur inneren Freiheit.* Königsfurth 2003
Iding, Doris: *Übungsbuch Achtsamkeit.* GU 2017
Jäger, Willigis: *Suche nach dem Sinn des Lebens. Bewusstseinswandel auf dem Weg nach innen. Vorträge, Ansprachen, Erfahrungsberichte.* via nova 2003
Jäger, Willigis: *Die Welle ist das Meer. Mystische Spiritualität.* Herder 2000
Jäger, Willigis: *Aufbruch in ein neues Land. Erfahrungen eines spirituellen Lebens.* Herder 2003
Kabat-Zinn, John: *Die heilende Kraft der Achtsamkeit.* Arbor 2009
Kabat-Zinn, John: *Achtsamkeit und Meditation im täglichen Leben.* Arbor 2019
Kabat-Zinn, John: *Zur Besinnung kommen. Die Weisheit der Sinne und der Sinn der Achtsamkeit in einer aus den Fugen geratenen Welt.* Arbor 2019
Kapleau, Philip: *Die drei Pfeiler des Zen.* O. W. Barth 1994
Kapleau, Philip: *Der vierte Pfeiler des Zen.* O. W. Barth 1997
McKenna, Jed: *Verflixte Erleuchtung. Als Schmetterling unter Raupen.* Edition Spuren 2004
Kornfield, Jack: *Frag den Buddha und geh den Weg des Herzen.* Kösel 1995
Kornfield, Jack: *Das strahlende Herz der erwachten Liebe.* Arbor 1991
Kornfield, Jack: *Das Tor des Erwachens. Wie Erleuchtung das tägliche Leben verändert.* Kösel 2000
Kornfield, Jack: *Offen wie der Himmel, weit wie das Meer. Worte der Weisheit für Vergebung und Frieden.* Kösel 2004
Kornfield, Jack: *Buddhas kleines Weisheitsbuch.* MenSsana 2001
Kornfield, Jack: *Geschichten des Herzens.* Arbor 1991
Kornfield, Jack: *Das weise Herz.* Arkana 2008
Kopp, Sheldon B.: *Triffst du Buddha unterwegs. Psychotherapie und Selbsterfahrung.* Fischer 1983

Loy, David: *Nondualität. Über die Natur der Wirklichkeit.* Krüger 1988
Magi, Gianluca: *Lieber ein intelligenter Feind als ein dummer Freund. 101 witzige Lehrgeschichten.* Arkana 2009
Maharshi, Ramana: *Gespräche des Weisen vom Berge Arunachala.* Ansata 1984
Mannschatz, Marie: *Mit Buddha zu innerer Balance. Wie Sie aus der Achterbahn der Gefühle aussteigen.* GU 2011
Mello, Anthony de: *Eine Minute Weisheit.* Herder 2001
Mello, Anthony de: *Eine Minute Unsinn.* Herder 2001
Mello, Anthony de: *Was bringt das Pferd zum Fliegen?* Herder 2002
Mello, Anthony de: *365 Geschichten, die guttun. Weisheit für jeden Tag.* Herder 2006
Merton, Thomas: *Die Weisheit der Wüste.* Spirit Fischer 1999
Merzel, Denis Genpo: *Durchbruch zum Herzen des Zen.* Diederichs 1991
Muktananda: *Der Weg und sein Ziel. Ein Handbuch für die spirituelle Reise.* Knaur 1987
Norbu, Namkhai: *Dzogchen, der Weg des Lichts.* Diederichs 1989
Osho: *Jenseits der Grenzen des Verstandes. Das Märchen von der Psychologie.* Osho International Foundation 1997
Ram Dass: *Schrot für die Mühle.* Knaur 1997
Ram Dass: *Reise des Erwachens. Handbuch zur Meditation.* Knaur 1985
Richard, Ursula: *Die drei Pfeiler des Glücks. Achtsamkeit, Freude, Dankbarkeit.* MensSana 2010
Rinpoche, Sogyal: *Funken der Erleuchtung. Buddhistische Weisheiten für jeden Tag des Jahres.* O. W. Barth 1998
Russel, Peter: *Quarks, Quanten und Satori. Wissenschaft & Mystik. Zwei Erkenntniswege treffen sich.* Kamphausen 2002
Russel, Peter: *Der direkte Weg. Transzendentale Meditation nach Maharishi Mahesh Yogi.* Kamphausen 2003
Ryu Shiva: *Setze keinen Punkt an die Stelle, an die Gott ein Komma gesetzt hat. Weisheitsgeschichten.* Scorpio 2020

Segal, Suzanne: *Kollision mit der Unendlichkeit. Ein Leben jenseits des persönlichen Selbst.* Rowohlt 2000
Smith, Rodney: *Frei von Selbsttäuschung. Der buddhistische Weg aus der Ego-Falle.* Windpferd 2011
Stierle, Evelyn: *Magic is real.* Phänomen 2013
Suzuki, Daisetz Teitaro: *Wesen und Sinn des Buddhismus.* Herder 1993
Suzuki, Daisetz T.: *Shunyata. Die Fülle in der Leere. Essays über den Geist des Zen in Kunst, Kultur und Religion des Fernen Osten.* O. W. Barth 1991
Thich Nhat Hanh: *Kein Werden, kein Vergehen. Buddhistische Weisheit für ein Leben ohne Angst.* MensSana 2008
Thich Nhat Hanh: *Das Herz von Buddhas Lehrer. Leiden verwandeln. Die Praxis des glücklichen Lebens.* Herder 1998
Tolle, Eckhart: *Jetzt! Die Kraft der Gegenwart.* Kamphausen 2010
Troll, Pyar: *Reise ins Nichts. Geschichte eines Erwachen.* Kamphausen 1999
Troll, Pyar: *Poesie der Stille. Tanz des Lebens. Anleitungen zum Da-Sein.* Kamphausen 2002
Van de Braak, André: *Liegestütz zur Erleuchtung. Lehrjahre bei einem amerikanischen Guru.* Edition spuren 2003
Welwood, John: *Psychotherapie & Buddhismus. Der Weg persönlicher und spiritueller Transformation.* Arbor 2010
Wilber, Ken: *Wege zum Selbst. Östliche und westliche Ansätze zu persönlichem Wachstum.* Goldmann 1984
Wilber, Ken/Ecker, Anthony: *Meister, Gurus, Menschenfänger. Über die Integrität spiritueller Wege.* Spirit Fischer 1998
Williamson, Marianne: *Rückkehr zur Liebe.* Goldmann 2016
Wolinsky, Stephen: *Die alltägliche Trance. Heilungsansätze in der Quantenpsychologie.* Lüchow 1996
Wolinsky, Stephen: *Quantenbewusstsein. Das experimentelle Handbuch der Quantenpsychologie.* Lüchow 1995
Wolinsky, Stephen: *Die dunkle Seite des inneren Kindes. Der nächste Schritt in die Quantenpsychologie.* Lüchow 1994

Über mich

Mein besonderes Interesse galt immer der Frage: Wie können wir spirituelle Erfahrungen zum Wohle aller Wesen in den Alltag integrieren? Diese Fragestellung spielt für mich persönlich in meiner Tätigkeit als Dozentin bei Achtsamkeits- und Yogalehrerausbildungen eine Rolle. Dort versuche ich, den Schülerinnen und Schülern immer ein Verständnis davon zu vermitteln, dass Spiritualität nicht nur auf der Matte oder dem Meditationskissen stattfindet, sondern erst dann ihre volle Wirkung entfalten kann, wenn wir sie in unseren Alltag einbeziehen. Einen ähnlichen Ansatz verfolge ich bei meiner Arbeit als Autorin von Artikeln, Büchern und als Storytellerin auf Instagram. Auch in meinen Kursen, Retreats und Reisen möchte ich meine Teilnehmer*innen immer wieder dazu inspirieren, zu erkennen, dass das Leben unser Meister ist und wir jeden Tag zahlreiche Möglichkeiten haben, unsere spirituellen Erkenntnisse, die wir während unserer Praxis sammeln, in den Alltag zu integrieren.

www.doris-iding.de

info@doris-iding.de